한 권으로 정복하는 영어

원어민처럼 영어로 대화하기

한 권으로 정복하는 영어

초판 1쇄 인쇄일 2021년 6월 4일
초판 1쇄 발행일 2021년 6월 10일

지은이 제임스 킴
펴낸이 양옥매
디자인 김영주 임흥순
교   정 조준경

펴낸곳 도서출판 책과나무
출판등록 제2012-000376
주소 서울특별시 마포구 방울내로 79 이노빌딩 302호
대표전화 02.372.1537 **팩스** 02.372.1538
이메일 booknamu2007@naver.com
홈페이지 www.booknamu.com
ISBN 979-11-5776-679-6 (03740)

HOW TO MASTER ENGLISH

한 권으로 정복하는 영어

제임스 킴 지음

원어민처럼 영어로 대화하기

책나무

인간은 만물의 영장이라고 한다. 그런데 그렇게 될 수 있었던 요인 중에 가장 핵심이 되는 점은 인간이 반성적인 사고를 할 수 있다는 사실이라고 하는데, 이를 가능하게 하는 것은 다름 아닌 우리가 쓰는 말이라고 한다. 터프츠대학교 교수이자 인지 심리학의 대가인 다니엘 대넷이 펴낸 『Bacteria to Bach and Back』에 의하면 약 5만 년 전쯤 호모 사피엔스의 폭발적인 증가로 인해서 인간은 아주 초보적인 단계의 말을 하기 시작했는데, 그때부터 사피엔스의 뇌가 주어진 환경에 적응하면서 협동을 위해 점점 고도로 진화된 말이 생겨났다고 한다. 결국 말은 인간의 두뇌 발달에 그만큼 중요하다고 할 수 있다.

영어는 거의 모든 경쟁자를 물리치고 명실공히 세계 공통어가 되었다고 할 수 있다. 실제로 노벨상 수상자가 가장 많이 배출된 나라 순위에서 1위는 역시 미국이 차지하고 영국이 2위를 달리고 있으니, 영어의 위력은 실로 엄청나며 미국은 명실공히 21세기 과학문명을 주도하고 있다고 할 수 있겠다. 대한민국은 이제 선진국이 되었다. 그러나 영어회화 수준은 아직 후진국 수준에 머물고 있다는 소식을 종종 듣는다. 왜 그럴까? 아마도 영어의 어순이 우리말과 다른 것이 가장 큰 요인이고, 또 영어의 어휘가 백만 단어 정도로 워낙 방대하기 때문이 아닐까 한다.

저자도 43년 전 미국으로 이민을 와서 뉴욕에 살 때 언어장벽을 느끼고 살아가면서 '어떻게 하면 영어를 우리말과 같이 유창하게 구사할 수 있을까?' 꾸준히 노력하고 고민한 끝에 수십 년 동안 현지인들과 시도해 본 귀중한 경험을 바탕으로 이 책을 펴내게 되었다.

1장은 인류의 선각자들이 남긴 명언으로, 그 명언을 매일 몇 개씩 읽다 보면 짧은 말과 단어를 응용해서 상대방에게 효율적으로 표현할 수 있는 기교를 발휘하게 될 것이다. 그리고 2장은 영어를 어느 정도 마스터하는 데 필수적으로 알아야 하는 기본 단어들을 정리한 것이며, 마지막으로 3장은 『도덕경』을 영문으로 번역한 것이다. 한자는 영어와 같이 주어-동사-목적어의 어순이 똑같기 때문에 영어 학습에 엄청난 이점이 있고, 또 이번 기회에 한자도 읽힐 수 있으니 일거양득이다. 더 중요한 것은 『도덕경』이 서양의 그 어떤 책보다도 소중한 동양의 자산으로서 전 세계 지성인들에 의해 읽히고 있기 때문이다.

컴퓨터에 능숙치 못한 저자가 긴급 콜을 할 때마다 마다하지 않고 달려와서 나의 고민을 시원스럽게 해결해 준 박만호 선생의 따뜻한 우정에 고마운 마음 그지없다. 마지막으로 나의 원고를 꼼꼼히 챙겨 준 책과나무 출판사의 조준경 편집위원과 양옥매 실장님께 심심한 감사의 뜻을 전한다.

부디 이 책을 통해서 독자들의 영어 실력이 일취월장하기를 바란다.

조지아의 작은 마을에서 저자 씀

차례

인류 문명사를 보면 대부분의 성인들은 자신들이 느끼고 체험한 인생과 우주 자연의 현상을 짧은 명언으로 남겼다. 거기에는 영어의 정수들이 담겨 있는데 그것들을 통해서 우리는 언어의 핵심을 포착할 수 있다. 말이나 글은 짧아야 한다. 그 짧은 명언으로 영어권 사람들과 대화할 때 아주 효율적으로 표현할 수 있는 지혜를 발견할 수 있다. 또 그 속에서 우리는 그 시대를 살았던 사람들의 사고를 엿볼 수 있으며 역사를 역동적으로 발전시키는 해결의 실마리를 찾을 수 있다.

인간의 본성을 연구하는 학문이 인문학이라고 한다면 명언이야말로 진정한 인문학의 핵심인 동시에 예술이라고 말할 수 있다. 이는 명언이 모든 학문의 알파와 오메가를 모두 담고 있기 때문이다. 다음의 명언들을 머릿속에 넣고 잘 새겨 두었다가 원어민들과 대화할 때 가끔씩 명언의 부분적인 어휘를 섞어서 쓰거나 또는 글이나 논문을 써야 할 때 사용하면 대화에 생동감이 넘친다.

인류 역사상 명언을 가장 많이 남긴 사람은 윌리엄 셰익스피어William Shakespeare(영국의 극작가)로 455개의 명언을 남겼으며, 그다음은 마크 트웨인Mark Twain(미국 소설가)으로 300여 개의 명언을 남겼다.

인류의 성인들이 남긴 촌철살인의 명언
(quotations)

Famous Quotations from literature,
historical sources, popular cultures,
sports, politics, artists, social sciences,
scientists, proverbs.

문학, 역사 자료, 대중 문화, 스포츠, 정치, 예술가,
사회 과학, 과학자들, 속담에서 인용한 유명한 명언.

인류의 성인들이 남긴
촌철살인의 명언(quotations)

▬ It's not that I'm afraid to die. I just don't want to be there when it happens.

나는 죽는 것이 두려운 것이 아니다. 단지 죽어서 거기에 가야 한다는 사실을 싫어하는 것이다.

– 우디 앨런 Woody Allen(영화 감독, 작가, 배우, 코미디언)

▬ You've got to be careful if you don't know where you are going, because you might not get there!

자신이 어디로 가는지를 모르면서 그냥 가고 있다면 조심해야 한다. 왜냐하면 당신은 그 목적지에 닿을 수 없을지도 모르기 때문이다.

– 요기 베라 Yogi Berra(전설적인 뉴욕 양키팀 야구 감독)

_ I'll tell you a big secret, my friends. Don't wait for the last Judgement. It takes place every day.

친구들이여, 내가 큰 비밀을 한 가지 말해 주겠소. 마지막 심판의 날을 기다리지 말아요. 마지막 심판은 매일매일 일어나고 있으니까….

– 알베르 카뮈 Albert Camus(프랑스의 철학자)

_ The three great elements of modern civilization are Gunpowder, Printing, and Protestant Religion.

근대 문명을 일으킨 3대 요소는 화약과 인쇄술 그리고 개신교라고 말할 수 있다.

– 토머스 칼라일 Thomas Carlyle(스코틀랜드 역사가, 수필가)

_ There are only two families in the world…. the haves and the have-nots.

이 세상에는 두 종류의 가족만이 존재하는데…. 가진 자와 못 가진 자이다.

– 세르반테스 Miguel de Cervantes(『돈키호테』의 작가)

_ I cannot look at the universe as the result of blind chance, yet I can see no evidence of beneficent design or indeed of design of any kind, in the details.

나는 우주를 바라볼 때마다 막연히 우연적 발생이라고는 생각할 수 없으나, 그렇다고 어느 자비로운 손길이나 상세한 어떤 종류의 설계도와 같은 증거도 전혀 발견할 수 없다.

− 찰스 다윈 Charles Darwin(생물학자)

_ They are in you and in me; they created us, body and mind; and their preservation is the ultimate rationale for our existence…they go by the name of genes, and we are their survival machine.

그것은 우리 모두의 내면에 존재한다. 그것이 우리의 몸과 마음을 만들었으며, 그것을 보존하는 것이 궁극적인 존재 이유이다. 그걸 유전자라고 부르며, 우리는 그 유전자가 만든 기계에 의해서 존재하는 것이다.

− 리처드 도킨스 Richard Dawkins,
『이기적인 유전자 The Selfish Gene』 중에서

_ Keep yourself to yourself.

나는 언제 어디서나 나로서 존재해야 한다.

− 찰스 디킨스 Charles Dickens(영국 작가)

_ Genius is 1 percent inspiration and 99 percent perspiration.

천재는 1 퍼센트의 영감과 99 퍼센트 노력의 결과이다.

– 토머스 에디슨 Thomas Alva Edison(발명가)

- The Universe may be a free lunch.

우주는 최상의 공짜 점심일 것이다.

* 우주는 최초의 진공(false vacuum) 속에 있던 대칭성의 상태에서 양자 도약의 결과로 빅뱅에 의해서 탄생했기 때문에 우주를 만드는 데 필요한 물질은 zero에 가깝다는 말(The universe came from nothing)이다.

– 앨런 구스 Alan Guth(급팽창 이론을 주장한 이론 물리학자, MIT 교수)

- I can write music, thank God-but I can do nothing else on earth.

나는 음악을 작곡할 수 있음을 하느님께 감사한다. 그러나 그 외에는 이 지구상에서 내가 할 수 있는 일이라고는 아무것도 없다.

– 베토벤 Beethoven(작곡가)

- We know our cause is just, because violence can only breed more violence and suffering. Our struggle must remain nonviolent and free of hatred. We are trying to end the suffering of our people, not to inflict suffering on others.

우리는 우리들이 추구하는 목표가 올바른 방향이라고 믿는다. 왜냐하면 폭력은 반드시 더 큰 폭력과 고통을 수반한다는 사실을 알고 있기 때문이다. 우리들의 노력은 언제나 비폭력적이어야 하며 또한 증오가 있어서는 안 된다. 우리들의 노력은 온 인류를 고통에서 해방시키기 위한 것이지, 고통을 가하기 위한 것이 아니기 때문이다.

– 달라이 라마 Dalai Lama(티베트 승려),
1989년 노벨 평화상 시상식에서

– The first man to compare the cheeks of a young woman to a rose was obviously a poet; the first to repeat it was possibly an idiot.

최초로 젊은 여인의 볼을 아름다운 장미에 비유한 남자는 확실히 시인이었을 것이다. 그러나 최초로 그 시인의 말을 번복한 것은 아마도 멍청이였을 것이다.

– 살바도르 달리 Salvador Dali(스페인의 초현실주의 화가)

– In England when a new character appears in our circles, the first question always is "Who is he? In France it is, "what is he? In England, "How much a year?" In France, what did he leave?

영국에서는 어떤 새로운 사람이 우리들의 모임에 들어오면 첫 번째 질문이 "그는 어느 집안 사람인가?" 하는 것이고, 프랑스 사람들은 그가 무얼 하는

사람인지를 알고자 한다. 또한 영국인들은 그 사람은 일 년에 얼마를 버는
지 알려고 하며, 프랑스 사람들은 그가 무엇을 남겼는지를 알고자 한다.

– 벤저민 디즈레일리 Benjamin Disraeli(유대인 출신의 영국 수상, 소설가)

– The degree of civilization in a society can be judged by
entering its prisons.

문명화된 사회를 측정하는 기준은 형무소에 죄수들이 얼마나 들락거리는
지를 보면 알 수 있다.

– 도스토예프스키 Dostoevskii(러시아의 소설가, 비평가, 사상가)

– In love, the paradox occurs that two beings become one
and yet remain two.

사랑의 역설은 두 존재가 하나가 되는 것인데, 그럼에도 불구하고 여전히
두 존재로 남아 있다.

– 에리히 프롬 Erich Fromm(정신분석학자, 사회심리학자)

– The Lord God said. "It is not good for the man to be
alone. I will make a helper suitable for him".

여호와 하나님이 이르시되 사람이 혼자 사는 것이 좋지 아니하니, 내가 그
를 위하여 돕는 배필을 지으리라 하시니라.

– 『구약성경』 창세기 2장 18절

_I would rather understand one cause than be King of Persia.

나는 최초의 원인 한 가지를 이해하는 것이 페르시아의 왕이 되는 것보다 낫다.

– 데모크리토스 Democritus
(최초로 원자의 존재를 규명한 고대 그리스의 철학자)

_What is the hardest task in the world? To think.

이 세상에서 가장 힘든 일은 무엇일까? 생각하는 것이다.

– 랄프 왈도 에머슨 Ralph Waldo Emerson(미국 사상가, 시인)

_The Sanskrit language, whatever be its antiquity, is of a wonderful structure; more perfect than the Greek, more copious than the Latin, and more exquisitely refined than either, yet bearing to both of them a strong affinity, both in the roots of verbs, and in the forms of grammar, than could possibly have been produced by accident; so strong, indeed, that no philologer could examine them all three, without believing them to have sprung from some common source, which, perhaps, no longer exists.

산스크리트 언어는 대단히 오래된 언어임에도 놀랄 만한 구조로 만들어졌다. 그리스어보다도 정교하며 라틴어보다도 방대하고 더욱 아름답게 꾸며졌는데, 동사나 문법은 그리스어나 라틴어와 유사한데 아마도 우연의 일치일지 모를 일이다. 어떤 언어학자도 세 언어가 동일한 모어에서 파생되었다는 믿음을 갖지 않는 한 세 언어를 연구할 수는 없을 것이다.

－ 윌리엄 존스 William Jones(문헌학자, 법률가)

_The truth is that Mozart, Pascal, Boolean algebra, Shakespeare, parliamentary government, baroque churches, Newton, the emancipation of women, Kant, Marx, and Balanchine ballets don't redeem what this particular civilization has wrought upon the world. The white race is the cancer of human history.

모차르트, 파스칼, 부란 알제브라, 셰익스피어, 의회 민주주의, 바로크 교회, 뉴턴, 여성 해방, 칸트, 마르크스, 밸런친 발레는 특별한 문명을 이 세상에 만들어 냈다고 주장하지 않는다는 사실이다. 백인들은 인류 역사에 암적인 존재이다.

－ 수전 손택 Susan Sontag(미국의 작가, 영화 제작자, 정치 행동가)

_Progress… is not an accident, but a necessity. Instead of civilization being artificial, it is a part of nature.

진보란… 우연의 결과가 아니라 필연의 소산이다. 문명은 가공된 것이라기보다는 오히려 자연의 일부이다.

－ 허버트 스펜서 Herbert Spencer(영국의 사회학자, 철학자)

▬ So now they have made our English tongue a gallimaufry or hodgepodge of all other speeches.

그래서 지금 그들은 우리말 영어 발음을 이것저것 주워 모은 것이거나 혹은 다른 말들을 뒤범벅해 놓은 것이다.

– 에드먼드 스펜서 Edmund Spencer(영국 시인)

▬ There is no hope without fear, and no fear without hope.

두려움이 없이는 희망이란 있을 수 없으며, 또한 희망이 없으면 공포도 있을 수 없다.

– 스피노자 Baruch de Spinoza(철학자)

▬ Trust yourself. You know more than you think you do.

자신을 믿으라. 당신은 자신이 생각하는 것보다 더 알고 있음을 발견할 것이다.

– 벤저민 스포크 Benjamin Spock(미국의 소아과 의사, 대학 교수)

▬ The Jews have produced only three originative geniuses; Christ, Spinoza, and myself.

유대인들은 오직 세 명의 타고난 천재를 배출했는데, 예수와 스피노자 그리고 나이다.

– 거투르드 스타인 Gertrude Stein(미국의 작가)

▬ I know this a man gotta do what got to do.

나는 사나이라면 하고자 하는 할 일을 꼭 해야 한다는 것을 알고 있다.

— 존 스타인벡 John Steinbeck(미국의 소설가)

▬ Success to me is having ten honeydew melons and eating only the top half of each one.

나에게 있어서 성공이란 마치 열 개의 감로멜론 윗 부분의 반 씩만 먹는 것과 같다.

— 바브라 스트라이샌드 Barbra Streisand(미국의 여자 가수)

▬ The tradition is a fence around the law.

전통은 법의 테두리를 이루는 울타리이다.

— 유대인들의 『탈무드』 중에서

▬ Whoever destroys a single life is as guilty as though he had destroyed the entire world; and whoever rescues a single life earns as much merit as though he had rescued the entire world.

누구든지 한 생명을 죽이면 그건 마치 전 인류를 죽인 것과 같고, 누구든지 한 생명을 살리면 그건 마치 전 인류를 살린 것과 같다.

— 유대인들의 『탈무드』 중에서

_The sound of Brahman is Om. At the end of Om is silence. It is a silence of joy.

브라만의 음성은 "옴"이다. 옴의 끝은 침묵이다. 그것은 즐거움의 침묵이다.

– 『우파니샤드』(고대 인도의 철학 경전)에서

_I cannot help it that my paintings do not sell. The time will come when people will see that they are worth more than the price of the paint.

내 그림이 안팔리는데 난 어쩔 수가 없네. 때가 되면 언젠가는 사람들이 보고 그림에 들어간 페인트 값보다 가치가 있다는 걸 알게 될 거야.

– 반 고흐 Vincent van Gogh(화가),
자신의 동생 테오 Theo에게 보낸 편지에서

_It is very hard to realize that this present universe has evolved from an unspeakably unfamiliar early condition, and faces a future extinction of endless cold or intolerable heat. The more the universe seems comprehensible, the more it also seems pointless.

현재의 우주가 초기에 말할 수 없는 생소한 조건에서 진화되었고 또 미래에는 한없이 차겁거나 견디기 힘든 열로 인해 소멸될 운명에 처하리라는 것은 정말 상상하기가 힘들다. 우주가 불가해하다고 생각하면 생각할수록 더운 묘연해진다.

– 스티븐 와인버그 Steven Weinberg(노벨 물리학상 수상자)

_ In the very beginning everything was resting in perpetual darkness: night oppressed everything like an impenetrable thicket.

태초에 모든 것들이 영원한 암흑 속에 쉬고 있었다. 밤은 뚫을 수 없는 덤불처럼 모든 걸 감싸고 있었다.

－ 호주 중부의 원주민 아란다족 Aranda의 위대한 아버지 설화에서

_ I'd rather laugh with the sinners than cry with the saints.

나는 성인들과 함께 우는 것보다 차라리 죄인들과 함께 웃는 쪽을 택하겠다.

－ 빌리 조엘 Billy Joel(미국의 싱어송라이터)

_ The greatest part of a writer's time is spent in reading, in order to write: a man will turn over half a library to make one book.

작가들에게 가장 고귀한 부분은 책을 쓰기 위해서 독서를 하는 시간인데, 도서관에 있는 책의 절반 정도를 읽고 한 권의 책으로 쓸 수 있는 그런 사람일 것이다.

－ 새뮤얼 존슨 Samuel Johnson(영국의 시인, 희극 작가, 언어학자)

_ A man of genius makes no mistakes. His errors are volitional and are the portals of discovery.

천재는 실수를 하지 않는다. 그가 저지른 실수는 의도적인 것이며 새로운 발견을 위한 문턱이다.

– 제임스 조이스 James Joyce(「율리시스Ulysses」를 쓴 아일랜드의 작가)

▬ Anyone who is not shocked by the quantum theory does not understand it.

누구든지 양자역학 이론에 충격을 받지 않은 사람은 그 이론을 이해하지 못하고 있는 것이다.

– 닐스 보어 Niels Bohr
(최초로 원자의 모형을 제시한 덴마크의 물리학자)

▬ A time would come when Men should be able to stretch out their Eyes⋯ they should see the planets like our Earth.

언젠가는 인간들이 눈을 크게 뜨고 마치 지구를 보는 것과 같이 행성들을 볼 수 있는 날이 올 것이다.

– 크리스토퍼 렌 Christopher Wren(영국의 건축가, 천문학자)

▬ I had a dream that my four children will one day live in a nation where they will not be judged by the color of their skin but by the content of their character.

나는 언젠가 나의 네 자녀들이 피부 색깔에 의해서가 아니라 자신들의 인격에 의해서 인정받는 그런 나라에 살기를 바라는 한 가지 소망을 간직하고 있었다.

– 마틴루터 킹 Martin Luther King
(목사, 흑인해방운동가), 1963년 8월 28일 워싱턴의 인권운동 행진에서

_ There is nothing without a reason.

이 세상에 이유 없는 존재는 아무것도 없다.

– 라이프니츠 Gottfried Wilhelm von Leibniz
(독일의 철학자, 미적분을 발명한 수학자)

_ The span of a man's outstretched arms is equal to his height.

사람이 두 팔을 쫙 펼쳤을 때의 그 길이는 자신의 키와 같다.

– 레오나르도 다빈치 Leonardo da Vinci
(이탈리아의 천재 미술가, 과학자, 기술자, 사상가)

_ Only free men can negotiate. Prisoners cannot enter into contracts.

오직 자유인들만 협상을 할 수 있다. 죄수들은 계약을 체결할 수 없다.

– 넬슨 만델라 Nelson Mandela
(남아프리카공화국 최초의 흑인 대통령, 흑인인권운동가)

_ Most of the disputes of the world arise from words.

이 세상의 거의 모든 분쟁의 씨앗은 말에서부터 시작된다.

– 윌리엄 머레이 William Murray Mansfield (스코틀랜드의 정치가, 변호사)

◾I want to reach that state of condensation of sensation which constitutes a picture.

나는 나의 감정을 최고도로 응축한 상태에서 그림을 그리는 수준에 도달하고 싶다.

– 앙리 마티스 Henri Matisse(프랑스의 화가, 야수주의의 창시자)

◾A good listener is not only popular everywhere, but after a while he knows something.

남의 말을 잘 듣는 사람은 어디를 가든지 인기가 있을 뿐만 아니라, 시일이 지나면 그는 무엇인가를 배운다.

– 윌슨 미즈너 Wilson Mizner(미국의 희극 작가)

◾It is better to be a big fish in a small pond than a small fish in a mighty ocean.

거대한 대양에 사는 작은 물고기가 되는 것보다, 작은 연못에 사는 큰 물고기가 낫다.

– 1927년 12월 25일, 미국 뉴욕타임지의 사설에서

◾If you want something done, you should ask a busy person.

당신이 무슨 일을 이루고자 한다면, 바쁜 사람에게 물어봐야 한다.

– 1984년 10월 26일 크리스천 사이언스 모니터
Christian Science Monitor 지의 편집자

■ Never criticize anybody until you have walked a mile in his moccasins.

당신이 그 사람의 모카신을 신고 1마일을 걸어 보지 않고는 절대 남을 비판하지 말라.

– 아메리칸 인디언들의 격언

■ If you give a man a fish, and he will be hungry tomorrow. If you teach a man to fish, he will be richer tomorrow.

한 사람에게 물고기 한 마리를 주면 그 사람은 다음 날 배고프겠지만, 그 사람에게 낚시하는 방법을 가르쳐 주면 나날이 더욱 부자가 될 것이다.

– 아메리칸 인디언의 격언

■ Flattery will get you nowhere.

남에게 아첨한다고 되는 일은 아무것도 없다.

– 1949년 1월 23일 로스앤젤레스 타임스 LA times 사설에서

▬ The greatest thing in the world is to know how to be oneself.

이 세상에서 가장 위대한 일은 혼자 있는 법을 배우는 것이다.

– 몽테뉴 Michel Eyquem de Montaigne
(프랑스의 사상가, 모랄리스트)

▬ They came to a round hole in the sky…glowing like fire. This, the Raven said, was a star.

그들은 하늘 가운데에 자리를 잘 잡고… 마치 불과 같이 빛났다. 이것은 별이라고 큰 까마귀는 말했다.

– 에스키모의 창조 설화에서

▬ But Aristarchus of Samos brought out a book consisting of some hypotheses, in which the premises lead to the result that the universe is many times greater than that now so called.

His hypotheses are that fixed stars and the Sun remain unmoved, that the Earth revolves about the Sun in the circumference of a circle, the Sun lying in the middle of the orbit, and that the sphere of the fixed stars, situated about the same center as the sun, is so great that the circle in which he supposes the Earth to revolve bears such a proportion to the distance of the fixed stars as the center of the sphere bears to its surface.

그러나 사모스의 아리스타코스는 그의 가설을 책으로 내놓았는데, 그가 말한 전제는 우주가 지금 알고 있는 것보다 몇 배 더 크다는 결론에 도달하게 된다. 그의 가설은 항성이나 태양은 움직이지 않으며 지구는 원형의 원주 내에서 태양의 주위를 돌고, 태양은 궤도의 중앙에 위치해 있으며, 항성들의 구면체는 태양과 같이 중심에 자리 잡고 있으며, 그 규모가 엄청나서 그가 추정한 것과 같이 지구가 돌기 위해서는 천구의 중심이 그 표면에 미치는 거리에 비례하는 것과 같이 고정된 별들에 미치는 거리에 비례한다고 추정했다.

– 아르키메데스 Archimedes
(고대 그리스 수학자, 천문학자)의 『모래알 계산자The Sand Reckoner』 중에서

_ Opening two eyes, Ra- the Sun god, cast light on Egypt, he separated night
From day one. The gods came forth from his mouth and mankind from his eyes. All things took their birth from him, the child who shines in the lotus and whose rays cause all beings to live.

두 눈을 뜨고 태양의 신 "라"는 이집트 땅에 빛을 비추었고, 낮과 밤을 나누었다. 신들은 라의 입에서 나왔고 인간들은 그의 눈에서 나왔다. 세상의 모든 것들은 그에게서 나왔으며, 연꽃에서 빛나는 어린이들과 그들에게서 뿜어져 나오는 광선은 모든 존재들에게 생명을 부여한다.

– 프톨레마이오스 Claudios Ptolemaios
(천동설을 주장한 고대 그리스의 천문학자, 지리학자)의 『주문』에서

_I think that when humans get around to exploring and building cities, and towns on Mars, it will be viewed as one of the great times of humanity, a time when people set foot on another world and have the freedom to make their own world.

나는 인류가 화성 탐사를 통해서 거기에 도시와 마을을 건설하는 때가 오면, 그때는 인류가 이룬 가장 위대한 시대가 될 것이라고 생각되는데, 인류는 지구가 아닌 다른 세상에 가서 그들이 원하는 자신들만의 세상을 만들게 될 것이다.

- 로버트 즈브린 Robert Zubrin
(미국의 우주 과학자, 화성학회 회장, 화성탐사를 지지하는 작가)

_No one really has the guts to say it, if we could make better human beings by knowing how to add genes, why shouldn't we?

우리가 유전자 변형을 통해서 좀 더 나은 인간으로 만들 수 있다면, 왜 우리는 그걸 시도해 보지 않느냐고 배짱 있게 말할 사람이 아무도 없다.

- 제임스 왓슨 James Watson
(미국의 분자생물학자), 인간의 유전자 변형에 관한 질문에서

_Originally, you were clay. From being mineral, you became vegetable. From vegetable, you became animal, and from animal, man… And you have to go through a hundred different worlds yet. There are a thousand forms of mind.

당신은 원래 진흙이었다. 진흙에서 광물이 되었고 다시 식물이 되었다. 식물에서, 동물이 되었으며, 그런 다음 인간이 되었다…. 그리고 당신은 아직 백 가지 다른 세상을 경험해야만 할 것이다. 이 세상에는 천 가지 다른 마음들이 존재한다.

— 작자 미상(13세기 이란 출신의 시인, 이슬람 학자로 알려짐)

_ Fear of things invisible is the natural seed of that which everyone in himself called religion.

보이지 않는 것들에 대한 두려움은 모든 사람이 스스로 종교라고 부르는 것에 대한 원초적인 씨앗이다.

— 토마스 홉스 Thomas Hobbes
(근대 정치철학자, 사회계약설 주창자)의 『리바이어던 Leviathan』 중에서

_ Mankind must put an end to war or war will put an end to mankind.

인류가 전쟁을 종식시키지 않으면 전쟁이 인류를 종식시킬 것이다.

— 존 F. 케네디 John F. Kennedy(미국 35대 대통령)

_ Life is a dream. We are on sleep, but once in a while we wake up and know we're dreaming. So, what do we wake up to? We wake up to reality. What is reality? It is consciousness that is dreaming projecting dream.

인생은 하나의 꿈이다. 우리는 잠을 자고 있으나, 때때로 깨어나서 우리가 꿈을 꾸고 있다는 사실을 인식한다. 그러면 무엇을 위해서 깨어나는가? 우리는 실재를 알기 위해서 깨어나는 것이다. 실재란 무엇인가? 실재란 꿈을 투영하는 꿈을 꾸는 의식이다.

- 비트겐슈타인 Ludwig Josef Johann Wittgenstein(영국 철학자)

■ Some say the world will end in fire, some say in ice. From what I've tasted of desire, I hold with those who favor fire.

어떤 사람은 이 세상이 불로 끝날 것이라고 말하고, 또 어떤 사람은 빙하로 끝날 것이라고 말한다. 내가 욕망이란 걸 맛보고 나니 불로 끝날 것이라는 사람들의 생각이 마음에 와 닿는다.

- 로버트 프로스트 Robert Frost(미국의 시인)

■ Our only chance of long-term survival is not to remain lurking on planet Earth, but to reach out into space… But I am an optimist. If we can avoid disaster for the next two centuries, our species should be safe, as we spread into space. Once we establish independent colonies, our entire future should be safe.

인류가 장기적으로 살아남을 수 있는 유일한 가능성은 지금의 행성에 그냥 숨어서 남아 있는 게 아니라, 우주로 뻗어 나가는 것이다…. 그러나 나는 낙관주의자이다. 만일 인류가 앞으로 다가오는 2세기 동안에 재앙을 피할 수만 있다면, 인류는 우주로 뻗어 나가면서 안전해질 것이다. 일단 우주에 독립된 식민지를 건설한 다음에는, 인류의 미래는 안전할 것이다.

– 스티븐 호킹 Stephen William Hawking(영국의 우주물리학자)

_ Children begin by loving their parents; as they grow older, they judge them; sometimes they forgive them.

어린아이들은 부모를 사랑하는 것으로부터 시작해 자라면서 부모를 심판하는데, 때로는 부모를 용서한다.

– 오스카 와일드 Oscar Wilde(아일랜드의 극작가)

_ Cocaine is God's way of telling you have too much money.

코카인은 하나님이 당신에게 당신은 돈을 너무 많이 가지고 있다고 말해 주는 것이다.

– 로빈 윌리엄스 Robin Williams(미국의 영화배우)

_ That best portion of a good man's life, his little, nameless, unremembered, acts of kindness and of love.

착한 삶을 살아가는 사람의 최상의 가치는, 작고 무명의 기억되지 않은 친절함과 사랑이다.

– 윌리엄 워즈워스 William Wordsworth(영국의 시인)

▬ Now I am become death, the destroyer of worlds.

나는 죽음의 신, 세계의 파괴자가 되었다.

– 로버트 오펜하이머 Robert Oppenheimer(원자폭탄을 개발한 미국의 이론물리학자),
나가사키와 히로시마에서 원자폭탄이 폭발한 직후 발표한 말

▬ In the world, there is no study so beneficial and so elevating as that of the Upanishads. It has been the solace in my life. It will be the solace on my life. The Upanishads describe the relationship between the Brahman and the Atman.

Brahman is the universal self or the ultimate singular reality, the Atman is the individual's inner self, the soul. A central tenet of the Upanishads is the tat tvam asi, which is means the Brahman and the Atman are identical. There is only one universal self, and we are all one with it.

이 세상에서 『우파니샤드』만큼 유익하고 인간을 고양시키는 가르침은 없다. 그것은 나의 인생에서 큰 위안이었고 죽을 때에도 나에게 큰 위안이 될 것이다. 『우파니샤드』에는 브라만과 아트만의 관계를 묘사하고 있다. 브라만은 우주적인 자아, 혹은 궁극적인 유일한 질재이며, 아트만은 개체적인 자아, 즉 영혼이다. 『우파니샤드』의 핵심적인 신조는 "탯 트밤 아씨", 즉 브라만과 아트만은 동일하다는 뜻이다. 이 세상에는 오직 하나의 우주

적인 자아가 존재하는데, 우리 모두는 그 진리 속에서 하나이다.

— 쇼펜하우어 Arthur Schopenhauer(독일의 철학자)

▁If you meet the Buddha, kill the Buddha.

붓다를 만나면 붓다를 죽여라.

— 임제 의현臨濟義玄(당나라의 선승)

▁We can't perceive of God directly because our perception of God is partly of our own construction. God was created through this seemingly ethical "postulation".

우리는 하나님을 직접적으로 인식할 수 없는데, 왜냐하면 우리들이 하나님을 인식하는 것은 부분적으로 우리들 자신의 상상력이 만든 것이기 때문이다. 하나님은 추측건대 윤리적인 요청에 의해서 만들어진 것이다.

— 이마누엘 칸트 Immanuel Kant(독일의 철학자)

아인슈타인 Albert Einstein(물리학자)

▁I do not know how the Third World War will be fought, but I can tell you what they will use in the Fourth-rocks!-

나는 제3차 세계대전이 어떤 무기로 치러질지 모른다. 하지만 제4차 세계
대전은 무엇으로 싸울지를 안다. 그건 다름 아닌 돌이다!

▬I believe in Spinoza's God who reveals Himself in the
orderly harmony of what exists, not in a God who concerns
himself with the fates and actions of human beings.

나는 나의 운명과 행동에 일일이 관여하는 그런 인격적인 하나님을 믿는
것이 아니라, 우주에 존재하는 모든 것들의 조화 속에서 자신을 시현하는
스피노자가 믿던 그런 비인격적인 하나님을 믿는다.

▬Only two things are infinite, the universe and human
stupidity, and I'm not sure about the former.

이 세상에는 영원한 것이 두 가지 있는데, 우주와 인간의 우둔함이다. 그
러나 나는 전자에 대해서는 확실치 않다.

▬Everything should be made as simple as possible, but
not simpler.

모든 것은 최대한 간략하게 만들어져야 하지만, 더 단순하게 만드는 것은
안 된다.

▬I am by heritage a Jew, by citizenship a Swiss, and by
make up a human being, and only a human being, without
any special attachment to any state or national entity
whatsoever.

나는 유전적으로는 유대인, 국적으로는 스위스인이고, 생김새로는 한 인간이며, 특별히 어느 한 지역 혹은 국가에도 소속되어 있지 않으며 그냥 하나의 인간일 뿐이다.

– 1918년 6월 7일 알프레드 크네세르에게 보낸 편지

_Quantum mechanics is very worthy of regard. But an inner voice tells me that this is not yet the right track. The theory yields much, but it hardly brings us closer to the Old One's secrets. I, in any case, am convinced that God does not play dice.

양자역학은 자세히 관찰해 볼 만하다. 그러나 내 내면의 소리는 그것이 올바른 방향으로 가고 있지 않다고 말해 주고 있다. 양자역학은 많은 이론을 도출했지만, 고전물리학이 풀지 못했던 비밀을 풀 수 있는 단계까지 가려면 아직 요원하다. 어찌 되었든, 나는 신은 주사위 놀이를 하지 않는다고 확신한다.

– 1926년 12월 4일 맥스에게 보낸 편지

_There are only two ways to live your life. One is as though nothing is a miracle. The other is as though everything is. I believe the latter.

당신이 세상을 살아가는 데는 두 가지 길이 있다. 하나는 기적이란 없다는 것과 모든 것은 기적이라고 믿고 살아가는 것이다. 나는 후자를 믿는다.

_If my theory of relativity is proven successful, Germany will claim me as a Germany and France will declare that I am a citizen of the world.

만약 나의 상대성 이론이 성공적으로 확인되면, 독일은 나를 독일인이라고 주장할 것이고, 프랑스는 내가 세계시민이라고 선언할 것이다.

◾ Reading, after a certain age, diverts the mind too far from its creative pursuits. Any man who reads too much and use his own brain too little falls into lazy habits of thinking.

일정한 나이가 지나면 독서를 할수록 마음은 창의성에서 멀어진다. 너무 많이 읽고 자기 뇌를 너무 적게 쓰면 누구나 생각을 게을리하는 습관에 빠진다.

◾ When a man sits with a nice girl for an hour, it seems like a minute. But let him sit on a hot stove for a minute-and it's longer than an hour. That's relativity.

아름다운 여자와 함께 있을 때는 1시간이 마치 1초처럼 흘러간다. 그러나 뜨거운 난로 위에 앉아 있을 때는 1분이 마치 1시간보다 더 긴 것처럼 느껴진다. 그것이 바로 상대성이다.

◾ Science without religion is lame, religion without science is blind.

종교가 결여된 과학은 불구자이며, 과학이 결여된 종교는 장님이나 마찬가지다.

_The most important thing is not to stop questioning. Curiosity has its own reason for existing. One cannot help but be in awe when he contemplates the mystery of eternity, of life, of the marvelous structure of reality. It is enough if one tries merely to comprehend a little of this mystery every day. Never lose a holy curiosity.

가장 중요한 것은 질문을 멈추지 않는 것이다. 호기심은 그 자체만으로도 존재 이유가 있는 것이다. 영원성, 생명, 우리가 보는 실재의 놀라운 구조를 숙고하는 사람은 경외감을 느낄 수밖에 없다. 매일 이러한 비밀의 실타래를 한 가닥씩 이해하는 것으로 족하다. 신성한 호기심을 절대 잃지 말라.

_A human being is a part of the whole called by us universe, a part limited in time and space. He experiences himself, his thoughts and feelings as something separated from the rest, a kind of optical delusion of his consciousness.

This delusion is a kind of prison for us, restricting us to our personal desires and to affection for a few persons nearest to us. Our task must be to free ourselves from this prison by widening our circle of compassion to embrace all living creatures and the whole of nature in its beauty.

한 인간은 우리들이 우주라고 부르는 것의 일부인데, 그것은 시간·공간적으로 제한된 일부이다. 그가 경험하며 생각하고 느끼는 것들은 다른 모든 주위의 것들과 분리된 것이라고 믿는 의식적 착각 속에서 살고 있다. 이러한 망상은 우리 각자의 호기심을 억제하고 주위에 있는 소수의 친지들에게만 얽매이게 하는 하나의 감옥일 뿐이다. 우리의 사명은 우주에 있는 모든 생명체에 대해서 폭넓은 연민의 정을 가지고 대자연의 아름다움을 모두 포용하는 넓은 마음을 가지고 갇혀 있던 감옥에서 과감히 벗어나는 것이다.

_ The mind of God would be cosmic music resonating thru 11-dimensional hyperspace.

하나님의 마음은 아마도 11차원의 초공간(超空間)에서 울려 퍼지는 우주 음악일 것이다.

_ There are two types of God: One was the God of the bible; the god answer the prayer, walks on water, do some miracles and smite Philistines. That's the personal god I didn't believe.

The other is the god of Spinoza; the god of order, simplicity, harmony, beauty: the universe could have been ugly, the universe could have been messy, random.

이 세상에는 두 가지의 신이 존재한다. 하나는 성경에서 말하는 하나님으로 기도에 응답하고, 물위를 걸어다니며, 기적을 행하고 블레셋족에게 벌을 주는 그런 하나님이다. 그런 인격적인 하나님은 내가 믿는 신은 아니다. 또 다른 하나는 스피노자가 믿던 신으로 질서와 간결성, 만물의 조화, 아름다움의 상징인 신이다. 그런 신이 아니었다면 이 우주는 추하고 엉망진창이며 무작위로 구성되었을 것이다.

_ Should we be unable to find a way to honest co-operation and honest pacts with the Arabs, then we shall have learned nothing from our 2,000 years of suffering and will deserve our fate.

우리가 아랍인들과 정직하게 협력하고 정직하게 협정을 맺을 수 없다면, 우리는 지난 2천 년 동안의 고통에서 배운 것이 아무것도 없다고 말할 수 있으며, 미래에도 그런 운명을 피할 길이 없을 것이다.

■ Nature conceals her secrets because she is sublime, not because she is a trickster.

자연은 자신의 비밀을 숨기고 있는데, 그건 자연이 숭고하기 때문이며 거짓말쟁이이기 때문은 아니다.

■ We know nothing about it (God and the world) at all. All our knowledge is but the knowledge of schoolchildren. Possibly we shall know a little more than we do know. But the real nature of things, that we shall never know, never.

우리는 하나님이나 이 세상에 대해서 아는 것이 아무것도 없다. 우리가 알고 있는 지식은 단지 초등학교 때 알던 지식 정도이다. 미래에는 현재 우리가 알고 있는 것보다 조금 더 알게 될 것이다. 그러나 이 우주의 본질은 결코 영원히 알 수 없을 것이다.

■ The unleashed power of the atom has changed everything about our modes of thinking and we thus drift toward unparalleled catastrophe.

원자에서 방출되는 원자력은 우리가 상상할 수 있는 모든 것들의 형태를 바꾸어 놓았는데, 그래서 우리는 상상할 수 없을 정도의 재앙을 맞이할 위기에서 표류하고 있다.

■ It is true that my parents were worried because I began to speak fairly late, so they even consulted a doctor. I can't say how old I was-but surely not less than three.

나의 부모는 내가 늦게까지 말을 하지 못해서 걱정을 많이 했다고 하는데, 그래서 나를 의사한테 데리고 가서 상담도 했다고 한다. 내가 몇 살 정도 되었을 때인지는 확실치 않지만 아마도 세 살 이하는 아니었을 것이다.

■ When I was young, I found out that the big toe always ends up making a hole in a sock. So, I stopped wearing socks.

나는 젊은 시절에 발가락이 길면 늘 양말에 구멍이 난다는 걸 알았다. 그래서 그 이후 양말을 아예 신지를 않았다.

■ Nationalism is an infantile sickness. It is the measles of the human race.

민족주의는 유아기의 질병이다. 그것은 마치 인류의 홍역과 같은 것이다.

■ The greatest invention of mankind is compound interest.

인류가 발명한 가장 위대한 발견은 복리(複利)이다.

프로이트 Sigmund Freud (정신분석학자)

_ The individual's mental development repeats the course of human development in an abbreviated form.

한 개인의 정신적 발달은 인류가 진화되어 온 과정의 축소판이 되풀이되는 것이다.

_ At bottom, God is nothing other than an exalted father.

인간의 저변에는 하나님이란 단지 우상화된 아버지에 불과하다.

_ The interpretation of dreams is the royal road to a knowledge of the consciousness activities of the mind.

꿈의 해석은 마음에서 일어나는 의식을 아는 왕도이다.

_ Judaism had been a religion of the father; Christianity became a religion of the son. The old God the father fell back behind Christ; Christ, the Son, took his place, just as every son had hoped to do in primeval times.

유대교는 아버지의 종교였고, 기독교는 아들의 종교가 되었다. 옛적의 하나님, 즉 아버지는 예수의 뒤로 물러났고 그 아들인 예수가 그 자리를 차지했는데, 그건 옛적부터 모든 아들들이 바라던 것이었다.

- Yes, America is gigantic, but a gigantic mistake.

미국이 방대하다는 건 사실이지만, 방대한 잘못이라고 말할 수 있다.

괴테 Johann Wolfgang von Goethe(독일의 작가, 철학자)

_ The first and last thing required of genius is the love of truth.

천재의 첫 번째이자 마지막 조건은 진리를 사랑하는 것이다.

_ In don't know myself, and God forbid that I should

나는 내가 누구인지 모른다. 아마도 나를 아는 일은 절대 없을 것이라고 확신한다.

_ If anyone asks me for advice, I say I will give it, but only on the condition that you promise me not to take it.

누가 나에게 충고해 줄 것을 부탁한다면, 나는 그렇게 해 줄 수 있다. 그러나 그 충고를 받아들이지 않는다는 조건하에서만 해 줄 수 있다.

피카소 Pablo Picasso(입체파 화가)

_ We all know that art is not truth. Art is a lie that makes us realize truth.

우리 모두는 예술은 진실이 아니라는 걸 알고 있다. 예술은 단지 우리를 진실에 다가가게 하는 거짓일 뿐이다.

_When I was the age of these children I could draw like Raphael: it took me many years to learn how to draw like these children.

내가 남들과 같이 어린아이였을 때는 라파엘과 같은 그림을 그릴 수 있었다. 그런데 훗날 어린아이와 같이 그릴 수 있는 걸 배우기까지는 오랜 시간이 흘러서였다.

_God is really only another artist. He invented the giraffe, the elephant, and the cat. He has no real style. He just goes on trying other things.

하나님은 또 한 명의 진정한 예술가라고 생각한다. 그는 기린을 만들었고, 코끼리를 만들었으며, 그리고 고양이를 만들었다. 그는 특정한 스타일이 없다. 하나님은 그저 계속해서 다른 것들을 만들어 나간다.

디팩 초프라 Deepak Chopra(의사, 작가)

_For as long as a person is alive, he or she is creating time; to ask where time came from isn't really about the universe. It is about our experience here and now. There is no other time,

한 인간이 살아 있는 한, 그 사람은 시간을 창조하는 것이다. 시간이 어디에서 왔느냐고 묻는 것은 우주의 시간을 뜻하는 게 아니다. 시간은 지금 여기에서 우리가 경험하는 바로 그것이다. 그 외에 별도의 시간이란 없다.

— 『You are the universe』 중에서

▬ Einstein met the Indian poet Tagore in Einstein's house in Caputh, Brandenburg Germany on July 14, 1930 and asked Tagore: Do you believe in the Divine as isolated from the world?

"Not isolated. The infinite personality of man comprehends the universe. There cannot be anything that cannot be subsumed by the human personality…. the truth of the Universe is human truth."

아인슈타인이 1930년 7월 14일 독일의 Caputh에 있는 자신의 집에서 인도의 시인 타고르를 만나서 질문을 했다.

"당신은 이 세상과 고립된 하나님의 존재를 믿습니까?"

"아닙니다. 고립되지 않았습니다. 인간의 영원한 성품은 전 우주를 이해할 수 있습니다. 인간의 성품으로 포착되지 않는 것은 아무것도 없는데…. 우주의 진리는 곧 인간의 진리입니다."

— 『You are the universe』 중에서

플라톤Plato(고대 그리스 철학자)

▬ I affirm that the just is nothing else than the advantage of the stronger.

정의란 단지 강자에게 주어진 특권에 불과하다는 사실을 나는 확신한다.

－『공화국』 중에서

＿ Socrates is guilty of corrupting the minds of the young, and of believing in deities of his own invention instead of the gods recognized by the state.

소크라테스는 젊은이들의 정신세계를 타락시키고, 국가가 인정한 신을 믿지 않고 자신이 상상한 신을 믿었기 때문에 유죄를 선고받았다.

－『소크라테스를 위한 플라톤의 변명』 중에서

＿ Life without this sort of examination is not worth living.

이런 관찰을 할 줄 모르는 인생은 살 자격이 없다.

－『공화국』 중에서

마크 트웨인 Mark Twain (미국 소설가)

＿ If you tell the truth, you don't have to remember anything.

당신이 진실을 말한다면 아무것도 기억할 필요가 없다.

＿ Good friends, good books, sleepy conscience: this is the most ideal life.

좋은 친구와 좋은 책 그리고 양심 있는 삶, 그것이 가장 멋진 삶이다.

- Whenever you find yourself on the side of the majority, it is time to pause and reflect.

당신이 다수의 편에 서 있을 때는, 잠시 멈추고 생각을 해 보아야 한다.

- A lie can travel halfway around the world while the truth is putting on its shoes.

진실이 신발을 신고 있는 동안 거짓은 세상을 반 바퀴 돌 수 있다.

- The man who does not read has an advantage over the man who cannot read.

책을 안 읽는 사람은 글을 전혀 모르는 사람보다 유리하다.

- Humor is mankind's greatest blessing.

유머는 인류의 가장 위대한 축복이다.

- Worrying is like paying a debt you don't owe.

걱정은 마치 지지도 않은 빚을 갚는 것과 마찬가지다.

- Kindness is a language which the deaf can hear and the blind can see.

친절함은 장님도 들을 수 있고 소경도 볼 수 있는 가장 효과적인 언어이다.

■ If you pick up a starving dog and make him prosperous, he will not bite you. This is the principal difference between a dog and man.

만일 당신이 유기견을 데려다 잘 보살펴 주면, 그는 당신을 물지 않을 것이다. 이것이 개와 인간의 기본적인 차이이다.

■ The secret to getting ahead is getting started.

남보다 앞서가는 비결은 우선 시작하는 것이다.

■ The difference between the right word and the almost right word is the difference between lightning and a lightning bug.

맞는 말과 거의 맞는 말은 번갯불과 반딧불의 차이와 같다.

■ Books are for peoples who wish they were somewhere else.

책은 저 세상 다른 어디엔가 있고자 하는 사람들을 위한 것이다.

■ Don't go around saying the world owes you a living. The world owes you nothing. It was here first.

이 세상이 나의 인생에 빚을 졌다고 절대 말하지 말아요. 이 세상은 당신에게 빚진 게 아무것도 없어요. 이 세상은 당신보다 여기에 먼저 있었으니까.

■ Man was made at the end of the week's work, when God was tired.

인간은 일주일의 끝인 6일째에, 신께서 피곤하셨을 때 만들어졌다.

- Be careful about reading health books. You may die of a misprint.

건강 서적을 읽는 것을 조심해야 한다. 왜냐하면 오자 때문에 죽을 수도 있기 때문이다.

- I have had a lot of worries in my life, most of which never happened.

나는 인생을 살아가는 데 수없이 많은 걱정을 하며 살았는데, 대부분의 걱정은 결코 일어나지 않았다.

- To succeed in life, you need two things: ignorance and confidence.

인생에서 성공하려면 두 가지를 지켜야 하는데, 무지함과 확신이다.

- I have never let my schooling interfere with my education.

내가 학력이 없다는 사실은 내 인생에 조금도 방해가 되지 않았다.
* 마크 트웨인은 에디슨과 마찬가지로 초등학교 5학년이 정규 교육의 전부였다.

- Classic-a book which people praise and don't read.
고전은 모두들 찬사를 보내지만 사람들은 읽지 않는 책이다.

_ The fear of death follows the fear of life. A man who lives fully is prepared to die at any time.

죽음에 대한 두려움은 삶에 대한 공포에서 출발한다. 최선을 다해서 산 사람은 언제라도 죽을 각오가 되어 있다.

_ Never tell the truth to people who are not worthy of it.

믿음이 가지 않는 사람에게는 절대 진실을 말해서는 안 된다.

_ Keep away from people who try to belittle your ambitions. Small people always do that, but the really great make you feel that you, too, can become great.

당신의 꿈을 얕보는 사람들과 멀리하는 것이 좋다. 졸장부들은 항상 그렇게 말하지만, 진짜로 큰 인물들은 당신도 위대한 사람이 될 수 있다고 격려해 준다.

_ God created the war so that Americans would learn geography.

하나님은 미국인들에게 지리를 가르치기 위해서 전쟁이란 걸 고안했다.

_ What would men be without women? Scarce, sir⋯. mighty scare.

여자들이 세상에 없었다면 남자들은 어떻게 살았을까? 정말 겁나는 일이다. 선생님⋯. 정말로 무서운 공포라고나 할까.

_ Sanity and happiness are an impossible combination.

신성함과 행복은 불가능한 조합이다.

_ The best way to cheer yourself is to try to cheer someone else up.

자기 자신을 신나게 하는 가장 좋은 방법은 다른 사람을 신나게 해 주는 것이다.

_ To get the full value of joy you must have someone to divide it with.

기쁨을 완전하게 느끼고 싶다면 함께 기쁨을 나눌 누군가가 있어야 한다.

_ Courage is resistance to fear, mastery of fear-not absence of fear.

용기란 두려움에 맞서고 정복해 내는 것이지, 두려움의 부재를 말하는 건 아니다.

_ When angry, count four. When very angry, swear.

화가 났을 때는 넷까지 세어라. 아주 화가 많이 났을 때는 심하게 욕을 해라.

_ Wisdom is the reward you get for a lifetime of listening when you would rather talk.

지혜는 당신이 평생 자신의 말을 하지 않고 남의 말을 경청해서 잘 듣고 살아온 것에 대한 보답이다.

_ Twenty years from now you will be more disappointed by things you didn't do than by the ones you did so. Sail away from the safe harbor, catch the trade winds in your sails. Explore, dream, discover….

20년 후에 당신은 자신이 한 일보다 자신이 하고 싶었던 일을 하지 않은 것에 대해 더 후회할 것이다. 주위가 안전하고 평온할 때 항구에서 배를 띄워라. 역풍을 맞으며 항해하라. 탐험하고, 꿈을 포기하지 말고 무엇인가를 발견하라.

▬ Life is short, break the Rules. Forgive quickly, Kiss Slowly, Love truly. Laugh uncontrollably and never regret Anything that makes you smile.

인생은 짧으니 고정된 규율에서 벗어나 봐요. 빨리 용서하고 키스는 천천히 하며 진실한 사랑을 해 봐요. 웃을 때는 나 자신을 통제할 수 없을 만큼 크게 마음껏 웃어요. 그리고 당신을 웃게 만드는 어느 것에 대해서도 후회하지 말아요.

_ If you don't read the newspaper, you are uninformed. If you read the newspaper, you are mis-informed.

당신이 신문을 읽지 않으면 당신은 정보를 아예 모르고 살게 될 것이며, 신문을 읽으면 잘못된 정보를 알게 될 것이다.

_ God made man, without man's consent, and made his nature, too; made it vicious instead of angelic, and then said, be angelic, or I will punish you and destroy you. But no matter, God is responsible for everything man does, all the same; He can't get around that fact. There is only one Criminal, and it is not man.

하나님은 인간의 승낙 없이 인간을 창조했으며, 그 성품까지도 만들었는데, 천사와 같이 만들지 않고 사악한 존재로 만들었다. 그러고 난 다음에 천사와 같이 행동하라고 하면서 그렇지 않으면 벌을 주겠다고 했다. 어찌 되었든 간에 이제 와서 하나님은 인간의 성품을 다시 되돌릴 수는 없다는 사실이며 그 책임은 전적으로 하느님에게 있다. 여기에서 범인은 한 사람인데 그건 사람이 아니다.

_ I do not fear death. I had been dead for billions and billions of years before I was born, and had not suffered the slightest inconvenience from it.

나는 죽음이 두렵지 않다. 나는 태어나기 전에 수백억 번의 죽음을 경험했으나, 그것 때문에 전혀 불편을 겪지 않았기 때문이다.

_ Get your facts first, and then you can distort them as much as you please.

우선 진실을 파악하라. 그런 다음에 당신 마음대로 왜곡하고 싶으면 왜곡하라.

_ Education: the path from cocky ignorance to miserable uncertainty.

교육이란, 건방진 무지에서 비참한 불확실성으로 인도하는 길이다.

■ Age is an issue of mind over matter. If you don't mind, it doesn't matter.

나이는 실제로 일어나는 상태보다 마음가짐에 달려 있다. 그래서 당신이 나이 먹는 것에 대한 생각을 하지 않으면 신경 쓸 일이 아니다.

■ A banker is a fellow who lends you his umbrella when the sun is shining, but wants it back the minute it begins to rain.

은행가는 햇볕이 쨍쨍 쬐는 날 당신에게 우산을 빌려주는 사람이며, 비가 오는 순간 다시 우산을 거두어 가는 사람이다.

■ Sometimes I wonder whether the world is being run by smart people who are putting us on or imbeciles who really mean it.

나는 종종 이 세상은 우리를 무시하는 소수의 머리 좋은 사람들이 지배하는 것인지 혹은 진짜 천치들이 지배하는 세상인지 궁금할 때가 있다.

■ Everyone is a moon, and has a dark side which he never shows to anybody.

인간은 누구나 마치 달의 뒷면과 같아서 누구에게도 보여 주지 않는 어두운 면이 있다.

\- History doesn't repeat itself, but it does rhyme.

역사는 반복되지 않지만 그 자체로 리듬이 있다.

\- It is better to keep your mouth closed and let people think you are a fool than to open it and remove all doubt.

입을 닫고 말을 안 하는 것이 입을 열어서 당신이 바보일까 아닐까 생각하다가 결국 당신이 입을 여는 순간 바보가 아닐 거라는 의혹을 떨쳐 버리게 하는 것보다 낫다.

\- The most interesting information comes from children, for they tell all they know then stop.

모든 흥미로운 정보는 어린아이들에게서 오는데, 어린아이들은 자신이 아는 모든 걸 말하고 난 다음 그친다.

\- I didn't have time to write a short letter, so I wrote a long one instead.

나는 짧은 편지를 쓸 시간이 없어서 대신 장문의 편지를 썼다.

\- Out of all the things I have lost, I miss my mind the most.

내가 잃어버렸던 모든 것들 중에 내 마음을 잃어버렸던 것이 가장 크다.

\- When we remember we are all mad, the mysteries disappear and life itself stands explained.

우리가 모두 미쳤다고 생각하면 모든 인생의 수수께끼가 사라지고 인생은
그 자체로 존재 이유를 말해 준다.

_ I have found out there isn't a better way to find out
whether you like people or hate them than to travel with
them.

그 사람을 진정으로 좋아하는지 혹은 싫어하는지를 알려면 여행을 함께해
보는 것 이상 확실한 방법이 없다는 사실을 발견했다.

_ After all these years, I see that I was mistaken about Eve
in the beginning; it is better to live outside the Garden
with her than inside with her.

오랜 세월이 흘러서야 나는 최초의 에덴동산에 있었던 이브에 대한 나의
이해가 잘못되었다는 사실을 발견했는데, 에덴동산에 이브와 함께 사는
것보다 에덴동산 밖에서 이브와 함께 사는 게 낫다는 생각을 했다.

_ It is curious that physical courage should be so common
in the world and moral courage so rare.

이 세상에는 육체적인 용기는 다반사인데 도덕적인 용기는 드물다는 게 참
으로 기이한 현상이다.

_ There are many humorous things in the world; among
them, the white man's notion that he is less savage than
the other savages.

이 세상에는 우스운 일이 많은데, 그중에서도 백인들이 다른 야만인들보다 덜 야만인이라고 말하는 것이다.

▬ Thunder is good, thunder is impressive; but it is lightning that does work.

천둥소리는 좋은 것이고, 또 대단히 인상적이다. 그러나 진짜로 일을 하는 것은 벼락이다.

▬ Man is the only animal that blushes. Or needs to.

인간은 얼굴을 붉힐 수 있는 유일한 동물이다. 혹은 붉힐 필요가 있는….

▬ Anger is an acid that can do more harm to the vessel in which it is stored than to anything on which it is poured.

화를 내는것은 내 몸속에 채워진 어떤 물질보다도 몸에 산성을 만들어서 몸을 해친다.

▬ The dog is a gentleman; I hope to go to his heaven, not man's.

개는 한 신사다. 나는 개들이 가는 천당에 가고 싶지, 인간들이 가는 천당에 가고 싶은 마음은 없다.

▬ The right word may be effective, but no word was ever as effective as a rightly timed pause.

시기적절한 말은 효과적이지만, 적당한 시점에 쉼을 두는 것만큼 가장 효과적인 것은 없다.

- If Christ were here there is one thing he would not be-a Christian.

예수가 지금 살아 있다면 한 가지 하지 않았을 것이 있는데 다름 아닌 기독교인이다.

- When you fish love, bait with your heart, not your brain.

당신이 사랑을 낚시질할 때, 가슴으로 상대방을 유혹해야지, 머리로 유혹해서는 안 된다.

- Let us endeavor so to live that when we come to die even the undertaker will be sorry.

우리는 죽어서 장의사마저도 슬퍼할 정도로 멋진 삶을 살아야 한다.

- A successful book is not made of what is in it, but what is left out of it.

성공적인 작품은 그 내용보다도 읽는 사람으로 하여금 생각하게 하는 책이다.

- The lack of money is the root of all evils.

돈이 없어서 궁색한 것은 모든 악의 근원이다.

▬ Grief can take care of itself, but to get the full value of joy, you must have somebody to divide it with.

슬픔은 홀로 간직할 수 있으나, 기쁨의 감정을 만끽하려면 함께 나눌 누군가가 있어야 한다.

▬ It takes me two or three days to prepare an impromptu speech.

내가 즉석 연설을 하기 위해서는 2-3일 동안의 준비가 필요하다.

▬ A man is accepted into a church for what he believes and he is turned away for what he knows.

한 사람이 교회에서 믿으라고 하는 걸 믿으면 받아 주고, 자신이 아는 걸 말하면 교인으로 받아 주지를 않는다.

▬ He who asks for five minutes is a fool, but he who does not ask remains a fool forever.

5분 이상 질문을 하는 사람은 바보이지만, 아예 질문을 하지 않는 사람은 영원히 바보가 된다.

▬ There are three things men can do with women: love them, suffer them, or turn them into literature.

남성들은 여성들에게 세 가지를 할 수 있어야 한다. 그들을 사랑하고, 함께 고뇌하거나, 혹은 문학에 관심 있게 만드는 것이다.

_ If books are not good company, where shall I find it?

책과 친구가 될 수 없다면, 나는 어디에서 친구를 찾을 수 있을까?

_ The secret source of humor is not joy but sorrow; there is no humor in heaven.

유머의 원천은 기쁨이 아니라 슬픔이다. 천당에는 유머가 없다.

* 유대인들은 히틀러에 의한 홀로코스트를, 유머를 개발해 가면서 극복해
  나갔다.

_ Jim said that bees won't sting idiots, but I didn't believe that, because I tried them lots of times myself and they wouldn't sting me.

짐은 벌들은 바보들을 쏘지 않는다고 말했다. 그러나 나는 그걸 믿지 않았
는데, 왜냐하면 나는 수없이 시도해 보았는데 벌들은 나를 쏘지를 않았다.

– 『허클베리 핀의 모험 Adventure of Huckleberry Finn』 중에서

_ Never be haughty to the humble, never be humble to the haughty.

겸손한 사람 앞에서는 절대 거만할 필요가 없고, 거만한 사람 앞에서는 절
대 겸손할 필요가 없다.

_ In the first place God made idiots. This was for practice. Then he made proofreaders.

하나님은 최초에 멍청이를 만들었다. 그건 그냥 연습해 본 것이다. 그런 다음에 그걸 확인하는 검증인을 만들었다.

- The holy passion of Friendship is of so sweet and steady and loyal and enduring a nature that it will last through a whole lifetime, if not asked to lend money.

친구 관계의 진지한 열정은 아주 달콤하고 꾸준하며 신뢰를 바탕으로 해야 일생 동안 오래 지속되는데, 단 돈을 빌려 달라고 하지만 않으면 된다는 단서가 붙는다.

- It was wonderful to find America, but it would have been more wonderful to miss it.

미국을 발견한 것은 참으로 멋진 일이었다. 허나 그냥 지나쳤으면 더 멋질 뻔했다.

- In Boston they ask, how much does he know? In New York, how much is he worth? In Philadelphia, who were his parents?

보스톤에서는, 그 사람이 얼마만큼의 지식이 있는지를 물어보고, 뉴욕에서는 그 사람이 얼마 만큼의 돈을 가졌는지를 물어보며, 필라델피아에서는 그 사람의 조상들이 누구인지를 물어본다.

- He is the only animal that loves his neighbor as himself, and cuts his throat if his theology isn't straight.

인간은 내 이웃을 내 몸같이 사랑하며 나와 종교관이 다르면 목을 자르는 유일한 동물이다.

삿구루Sadhguru(인도의 yogi, 신비주의자)

▬ Awareness is a process of inclusiveness, a way of embracing this entire existence. When you are consciously in touch with your awareness, you gain access to the subtlest dimension of physicality, or akash.

의식이란 하나의 포용하는 과정으로, 우주 만물을 감싸 안는 한 방법이다. 당신이 그걸 인지하면서 그 의식과 접속할 때, 물질의 아주 미세한 차원 혹은 영혼(akash)까지 느낄 수 있다.

▬ If you know how to make your very body into a temple, going to the temple is not so significant.

당신이 자신의 몸이 곧 사원이라고 알고 있으면, 사원에 가는 일은 그리 대단한 일이 아니다.

▬ Consecration is a live process. The Sanskrit word for it is pratishtha. Everything is the same energy manifesting itself in a million different ways. If that is so, what you call the divine, what you call a stone, what you call a man or woman, or demon, are all the same energy functioning in different ways.

신성화(神聖化)란 하나의 살아 움직이는 과정이다. 산스크리트어로는 '프라티쉬타'라고 한다. 모든 만물은 동일한 에너지가 백만 가지의 다른 방법으로 표출되는 것이다. 그것이 사실이라고 한다면, 우리가 신성 혹은 돌, 여자, 남자 혹은 사탄 등의 호칭은 단지 같은 에너지가 다른 방법으로 나타난 것에 불과하다.

윌리엄 셰익스피어 William Shakespeare(극작가)

- The better part of valor is discretion.

진짜 용기는 신중함이다.

－『헨리 4세』 중에서

- I am not only witty in myself, but the cause that wit is in other men.

나 스스로 유머가 있는 것이 아니라, 나를 유머 있게 만드는 요인은 타인에게 있다.

- The devil can cite Scripture for his purpose.

사탄은 자신의 목적을 위해서 성경을 인용할 수 있다.

－『베니스의 상인』 중에서

- The first things we do, let's kill all the lawyers.

  우리가 해야 할 첫 번째 일은, 모든 변호사들을 죽이는 것이다.

  -『헨리 6세』의 part 2 중에서

- Frailty, thy name is woman.

  연약함이여, 그대의 이름은 여성이라.

- Brevity is the soul of wit.

  간결함은 유머의 영혼이다.

- There is nothing either good or bad but thinking makes it so.

  이 세상에는 좋고 나쁜 것이란 존재하지 않으며 단지 우리의 생각이 좋고 나쁜 것을 만든다.

  -『햄릿』 중에서

- Nymph, in thy(your) orisons(기도), be all my sins remembered.

  님프 요정이요, 당신이 기도할 때 나의 모든 죄악을 기억하소서.

  -『햄릿』 중에서

- The best rest is silence.

  최고의 휴식은 침묵이다.

- Nothing will come of nothing.

무에서 나오는 것은 아무것도 없다.

- 『리어 왕』 중에서

조지 버나드 쇼 George Bernard Shaw(영국의 극작가)

■ Hell is full of musical amateurs: music is the Brandy of the damned.

지옥에는 아마추어 음악가들로 꽉 차 있다. 음악은 저주받은 사람들이 마시는 브랜디이다.

■ On Christmas day it is proclaimed that Christianity established peace on earth and goodwill toward men. Next day the Christians, with refreshed soul, goes back to the manufacturer of submarines and torpedoes.

크리스마스 날 기독교는 세상에 평화와 복지를 이루었다고 선언한다. 그 다음 날 기독교인들은, 생기를 되찾은 영혼으로 잠수함과 어뢰 제조업자에게 다시 돌아간다.

■ The greatest of our evils and the worst of crimes is poverty.

세상에서 최대의 악과 최악의 범죄는 가난이다.

_ I am a millionaire. That is my religion.

나는 백만장자이다. 그것이 나의 종교이다.

_ The reasonable man adapts himself to the world: the unreasonable one persists in trying to adapt the world to himself. Therefore, all progress depends on the unreasonable man.

합리적인 인간은 자신을 이 세상에 적응하는데, 비 합리적인 인간은 이 세상을 자신에게 적응시키려고 애를 쓴다. 그러므로, 모든 인류의 진보는 비 합리적인 인간들에게 의존한다.

소크라테스 Socrates(고대 그리스 철학자)

_ I know nothing except the fact of my ignorance.

나는 내가 무지하다는 것 이외에는 아는 것이 아무것도 없다.

_ The rest of the world lives to eat, while I eat to live.

이 세상 사람들은 먹기 위해서 사는데, 나는 살기 위해서 먹는다.

소포클레스Sophocles(고대 그리스 철학자)

- There are many wonderful things, and nothing is more wonderful than man.

  이 세상에는 놀라운 사실들이 많이 있지만, 인간보다 놀라운 일은 없다.

- Not to be born is, past all prizing, best.

  이 세상에 태어나지 않는 것이 어떤 보상보다도 최고의 보상이다.

스탕탈Stendhal(프랑스의 소설가)

- One can acquire everything in solitude-except character.

  인간은 고독함 속에서 자신의 개성 이외에 어떤 것도 얻을 수 있다.

- A novel is a mirror that strolls along with a highway.

  소설이란 고속도로를 걷는 거울과 같은 것이다.

로버트 루이스 스티븐슨 Robert Louis Stevenson(영국의 소설가)

■ It is better to be a fool than to be dead.

　개똥밭에 굴러도 죽는 것보다는 낫다.

■ To travel hopefully is a better thing than to arrive, and the true success is to labor.

　꿈에 부풀어서 여행하는 것이 목적지에 도착했을 때보다 더 낫고, 진정한 성공은 일을 하는 과정에 있다.

손무 孫武(중국 고대 전략가, 병법가)

■ All warfare is based on deception.

　모든 전쟁은 속임수에 근거를 두고 있다.

－『손자병법』 중에서

■ Know the enemy and know yourself; in a hundred battles, you will never be defeated.

　적을 알고 나를 알면 백전 백승이다.

－『손자병법』 중에서

타키투스 Cornelius Tacitus (로마 역사가)

- They make a desert and call it peace.

  로마는 폐허를 만들어 놓고 평화를 이루었다고 말한다.

- The gods are always on the side of the stronger.

  신들은 언제나 강한 자의 편이다.

- Experience has taught me.

  경험만이 스승이다.

헨리 데이비드 소로 Henry David Thoreau (미국 사상가, 작가)

- The lawyer's truth is not Truth, but consistency or a consistent expediency.

  변호사들이 말하는 진실은 진실이 아니라, 일관성 혹은 끈질긴 편리함이다.

- It takes two to speak the truth; one to speak, and another to hear.

  진실을 말하는 데는 두 사람이 필요하다. 한 사람은 말하고, 또 한 사람은 듣는 사람이다.

_ Our life is filtered away by detail···. simplify, simplify.

우리의 인생은 너무 자질구레한 것들로 여과되어 있는데···. 간략하게, 간략하게 하라.

_ I had three chairs in my house; one for solitude, two for friendship, three for society.

나의 집에는 3개의 의자가 있었는데, 하나는 나 홀로 있을 때, 두 번째는 친구를 위해서, 세 번째 의자는 사회를 위해서이다.

_ Not that the story needs to be long, but it will take a long while to make it short.

이야기는 길게 할 필요가 있는 게 아니라, 긴 이야기를 짧게 줄이는 데 오랜 시간이 걸린다.

볼테르 Voltaire(프랑스의 작가, 계몽사상가)

_ If there were only one religion in England, there would be the danger of tyranny; if there were two, they would cut each other's throats; but there are thirty, and they live happily together in peace.

만일 영국에 종교가 하나밖에 없었다면 폭군 정치의 가능성이 있었으며, 만일 두 개의 종교가 있었다면 서로 목을 자르려고 했을 것이다. 그런데 만일 30개의 종교가 있다면 그들은 평화롭고 행복하게 살 것이다.

_ History is nothing more than a tableau of crimes and misfortunes.

역사란 범죄와 불운한 이야기들의 목록표에 불과하다.

_ I have made but one prayer to God, a very short one: "O Lord, make my enemies ridiculous." And God granted it.

나는 사실 딱 한 가지 아주 간단한 기도를 하나님께 했었는데 "오 하나님, 나의 적들을 우스꽝스럽게 만들어 주세요."라고 했다. 그런데 하나님은 정말 그렇게 만들었다.

_ If God did not exist, it would be necessary to invent him.

만일 하나님이 존재하지 않았다면, 하나님을 창조할 필요가 있었을 것이다.

엘리 위젤 Elie Wiesel (아우슈비츠에서 살아남은 노벨평화상 수상자)

_ Never shall I forget that night, the first night in a concentration camp, which has turned my life into one long night, seven times cursed and seven times sealed..

Never shall I forget those moments which murdered my God and my soul and turned my dreams to dust. Never shall I forget these things, even if I am condemned to live as long as God Himself.

나는 내 인생의 마지막 날이 되어(seven times cursed and seven times sealed) 긴 하룻밤으로 바꾸어 놓은 강제 수용소에서의 그날, 첫날 밤을 결코 잊을 수 없다.

나는 만일 내가 저주받아서 하나님과 같이 오래 살아 있는 한이 있더라도, 하나님 자신과 내 영혼을 죽이고 그리고 나의 꿈을 잿더미로 만들었던 그 순간들을 결코 잊을 수 없다.

_ The opposite of love is not hate, it's indifference.

사랑의 반대말은 증오가 아니라 무관심이다.

_ God of forgiveness, do not forgive those murderers of Jewish children here at Auschwitz.

용서의 하나님은 여기 아우슈비츠 수용소에서 유대인 어린이들을 죽인 살인자들을 용서하지 않는다.

_ Take sides. Neutrality helps the oppressor, never the victim. Silence encourages the tormentor, never the tormented.

어느 쪽이든 확실하게 줄을 서십시요. 어중간한 것은 압제자를 도울 뿐이지, 희생자를 돕는 일은 전혀 없으니까요. 침묵은 압제자들에게 용기를 줄 뿐 절대로 압제받은 사람들에게는 아무 도움이 안 되니까요.

- 1986년 오슬로의 노벨 평화상 시상식에서

월리엄 제임스William James(미국의 철학자, 심리학자)

_ My first act of free will shall be to believe in free will.

나의 자유의지를 보여 주는 첫 번째 행동은 자유의지를 믿어야만 하는 것이다.

_ The best way to define a man's character would be to seek out the particular mental and moral attitude in which, when it came upon him, he felt himself most deeply and intensely active and alive. At such moments there is a voice inside which speaks and says: "This is the real me!"

한 인간의 개성을 판단할 수 있는 가장 좋은 방법은 자신이 가장 심각하고 강렬하게 생생한 느낌이 있었던 상황에서 나의 정신적이고 윤리적인 태도를 잘 관찰하는 일일 것이다. 그런 상황에서 자신의 내면에서 소리가 들려 올 것이며 다음과 같이 말할 것이다. "이것이 진정한 나야!"

_ All our scientific and philosophic ideals are altars to unknown gods.

우리들의 모든 과학적이고 철학적인 이상들은 무명의 신들에게 바치는 제단들이다.

_ Religion…is a man's total reaction upon life.

종교는… 아마도 인생에 주어진 한 인간의 총체적인 반응일 것이다.

- The God whom science recognizes must be a God of universal laws exclusively, not a retail business. He cannot accommodate his processes to the convenience of individuals.

과학자들이 인정하는 하나님은 각 개인의 자질구레한 일상사에 관여하는 하나님이 아니라, 분명 독점적으로 우주의 법칙을 말하는 그런 하나님이 틀림없다.

- I myself believe that the evidence for God lies primarily in inner personal experiences.

하나님의 존재 증명은 기본적으로 인간 내면의 경험으로부터 나온다는 것을 나 자신은 믿는다.

제퍼슨 Thomas Jefferson (미국의 3대 대통령)

- He who knows most, knows how little he knows.

모든 것을 아는 사람은, 그 자신이 안다는 것이 얼마나 작은지를 안다.

- I cannot live without books.

나는 책이 없이는 살 수 없다.

_ When angry count 10 before you speak. If very angry 100.

당신이 화가 날 때는 입을 열기 전에 열까지 세어라. 아주 화가 나면 백까지 세어라.

칼 융 Carl Gustav Jung(정신과 의사, 심리학자)

_ The dream is a little hidden door in the innermost and most secret recesses of the soul, opening into that cosmic night which was psyche long before there was any ego-consciousness, and which will remain psyche no matter how far our ego-consciousness extends.

꿈은 자아의식이 있기 훨씬 이전에 심령의 상태인 우주적인 밤의 상태로 들어가서 인간 내면 깊숙이 숨겨져 있는 하나의 작은 문이며, 영혼이 신비한 휴식을 취하는 곳이기도 한데, 우리의 자아의식이 아무리 멀리 연장된다고 해도 그 심령의 상태를 그대로 유지하고 있다.

_ As far as we can discern, the sole purpose of human existence is to kindle a light of meaning in the darkness of mere being.

우리가 알 수 있는 사실은 인간의 유일한 존재 이유가 그저 암흑 속의 존재에서 어떤 의미를 찾는 밝은 빛을 밝히는 것이라는 점이다.

_A book must be the ax for the frozen sea within us.

책이란 마치 우리의 내면에 꽁꽁 얼어붙어 있는 바다를 깨는 도끼와 같은 것임에 틀림없다.

_The Messiah will come only when he is no longer necessary, he will come only one day after his arrival, he will not come on the last day, but on the last day of all.

메시아는 우리가 더 이상 메시아가 필요 없을 때 올 것이며, 그가 온다는 그다음 날 올 것이고, 마지막 날에 오지를 않고 지구의 모든 것들이 종말을 고할 때 올 것이다.

_Only our concept of Time makes it possible for us to speak of the Day of Judgement by that name; in reality, it is a summary court in perpetual sessions.

오직 시간에 대한 우리의 개념만이 최후의 심판이란 이름으로 우리가 말할 수 있는 것을 가능하게 한다. 사실은 최후의 심판이란 영원히 계속되는 하나의 즉결 재판소이다.

▬ Although the world is full of suffering, it is also full of overcoming it.

비록 이 세상은 고통으로 가득 차 있으나, 동시에 그걸 극복하는 방법 역시 가득하다.

▬ The test of democracy is not the magnificence of building or the speed of automobiles or the efficiency of air transportation, but rather the care given to the welfare of all the people.

민주주의를 심판하는 기준은 화려한 건물이나 자동차의 주행 속도 또는 항공기의 효율성에 있는 게 아니라, 모든 국민들에게 얼마만큼의 복지를 제공하느냐에 달려 있다.

▬ Doubting the great Descartes···was a reaction I learned from my father: Have no respect whatsoever for authority; forget who said it and instead look what he started with, where he ends up, and ask yourself, "Is it reasonable?"

우리가 위대하다고 하는 데카르트에 대해서 내가 의문을 품은 것은… 내 아버지로부터 배운 반응인데, 어떤 권위가 있다고 해서 무조건 신봉하지 말며, 누가 말을 했나를 보지 말고 그가 무엇으로부터 시작했나를 보고, 그가 어떤 결과를 얻었나를 살펴보아야 한다. 그리고 너 자신에게 물어봐. "이건 정말 합리적인 것인가?"

_I think I can safely say that nobody understands quantum mechanics.

나는 이 세상에 양자역학을 이해하는 사람은 아무도 없다고 확실히 말할 수 있다.

_My mother…had a wonderful sense of humor, and I learned from her that the highest form of understanding we can achieve are laughter and human compassion.

나의 어머니는… 참으로 놀랄 만한 유머감각을 지니셨는데, 그래서 나는 어머니로부터 인간이 성취할 수 있는 가장 높은 단계의 인간 이해는 웃음과 자비로운 마음이라는 사실을 배웠다.

골다 메이어 Golda Meir (이스라엘 수상)

_Let me tell you something that we Israeli have against Moses. He took us 40 years through the desert in order to bring us to the one spot in the Middle East that has no oil.

나는 말할 게 좀 있는데 솔직히 우리 이스라엘 사람들은 모세에 대한 반감이 있습니다. 그는 우리 민족을 기름 한 방울도 나지 않는 중동으로 인도하기 위해서 40년 동안 사막을 헤매게 했기 때문이지요.

◾ Don't be so humble-you're not that great.

너무 겸손해하지 말아요. 당신은 그리 대단한 사람이 아니니까.

◾ A leader who doesn't hesitate before he sends his nation into battle is not fit to be a leader.

국가를 전쟁에 몰아 내세우기 전에 주저하지 않는 사람은 지도자의 자격이 없다.

밀턴 John Milton (영국의 시인)

◾ There is no greater pain than to recall the happy time in misery.

비참할 때 행복했던 시절을 떠올리는 일만큼 더 큰 고통은 없을 것이다.

― 『실락원inferno』 중에서

◾ The mind is its own place, and in itself can make a heaven of hell, a hell of heaven.

인간의 마음은 늘 그 장소에 있으면서 지옥에서 천당을 만들 수 있고, 천당에서 지옥을 만들 수도 있다.

- 『실락원』 중에서

- Better to reign in hell, than serve in heaven.

천당에서 노예가 되는 것보다, 지옥에서 통치하는 것이 낫다.

- 『실락원』 중에서

니체 Friedrich Wilhelm Nietzsche(독일의 시인, 철학자)

- Whatever does not kill me makes me stronger

나를 죽이지 못하는 고통은 나를 더욱 강한 인간으로 만든다.

- 1888년 짧은 풍자시에서

- There was only one Christian, and he died on the cross.

이 세상에는 오직 한 명의 기독교인이 있었는데, 그 사람은 십자가에 못박혀 죽었다.

- Convictions are more dangerous enemies of truth than lies.

확신은 거짓말보다 더 무서운 진리의 적이다.

- God is dead, but given the way of men, there may still be caves for thousands of years in which his shadows will be shown. And we-we still have to vanquish his shadow, too.

신은 죽었다. 그러나 인간들이 하는 짓을 보면, 아직도 그의 그림자가 드리우는 수천 년 된 동굴이 존재하는 것 같다. 그리고 우리는 아직도 그 그림자를 격파해야 하는 사명을 띠고 있다.

- In dreams we all resemble this savage.

꿈속에서 우리 모두는 야만적 속성을 갖고 있다.

- Man is the cruelest animal.

인간은 가장 잔인한 동물이다.

- He who has a way to live why can bear almost any how.

누구든지 왜 살아야 하는지를 아는 사람은 어떤 삶을 살든지 참을 수 있다.

- I love those who do not worry how to live for today.

나는 오늘 하루를 어떻게 살아갈지를 걱정하지 않는 사람들을 사랑한다.

- All things that are truly great are at first thought impossible.

진실로 모든 위대한 일은 처음 시작할 때는 전혀 불가능하게 느껴졌던 것들이다.

- Philosophical systems are wholly true for their founders only.

철학적인 체계는 오로지 그걸 만든 개창자에게만 전적으로 옳은 것이다.

_ Idleness is the parent of all psychology.

게으름은 모든 심리학의 아버지이다.

칼 세이건 Carl Sagan(미국의 천문학자)

_ There is no other species on Earth that does science. It is, so far, entirely a human invention, evolved by natural selection in the cerebral cortex for one simple reason: it works. I It is not perfect. It can be misused. It is only a tool.
  But it is by far the best tool we have, self-correcting, ongoing, applicable to everything. It has two rules. First: there are no sacred truths; all assumptions must be critically examined; arguments from authority are worthless. Second: whatever is inconsistent with the facts must be discarded or revised.

이 지구상에 과학을 연구하는 종은 인간밖에 없다. 그렇다면 과학은 전적으로 인간의 발명품이라고 할 수 있는데, 그건 인간의 대뇌피질에서 자연선택에 의해서 단 한 가지 이유 때문에 진화된 것이다. 그건 효과적이지만 완벽한 것은 아니다. 그건 오용될 수 있으며 다만 수단에 불과하다. 그러나 그건 지금까지 인류가 갖고 있는 어떤 수단보다 가장 좋은 수단인데, 스스로 자정능력이 있고, 계속 진행 중이며, 모든 것에 적용할 수 있다.

그러나 거기에는 두 가지 규칙이 있는데 첫째, 거기에는 신성한 진리란 없다. 모든 가정은 철저한 실험을 거쳐야 하며, 어떤 권위를 가지고 논쟁하는 것은 재고할 가치가 없다. 둘째, 사실과 다른 결과가 나오는 것은 폐기하거나 수정되어야 한다.

- Remarkable claims require remarkable proof.

놀랄 만한 주장은 놀랄 만한 증명을 요구한다.

- All elements of the Earth except hydrogen and some helium have been cooked by a kind of stellar alchemy billions of years ago in stars, some of which are today inconspicuous white dwarfs on the other side of the Milky Way Galaxy.

The nitrogen in our DNA, the calcium in our teeth, the iron in our blood, the carbon in our apple pies were made in the interiors of collapsing stars. We are made of stardust.

수소와 약간의 헬리움을 제외하면 지구상에 모든 물질은 수십억 년 전에 은하단에서 항성의 신비한 연금술에 의해서 만들어진 것인데, 그중에 일부는 은하계의 반대쪽에 있으면서 오늘날 백성 왜성들의 형태로 눈에 잘 안 띄게 존재한다. 우리의 DNA 속에 있는 질소, 치아를 구성하는 칼슘, 핏속에 있는 철분, 애플파이에 들어 있는 탄소 등은 별들이 붕괴될 때 그 내부에서 만들어지는 것이다. 우리는 우주진에 의해서 만들어진 존재이다.

일론 머스크Elon Musk(SpaceX의 CEO, 테슬라의 창시자)

- I would like to die on Mars-just not on impact.

  나는 화성에서 죽고 싶다. 다만 사고로 죽지 않는다면.

- The risk human extinction could only be avoided by reaching for the stars.

  인류가 멸종을 피할 수 있는 유일한 길은 별들을 정복하는 것이다.

- If things are not failing, you are not innovating enough.

  만일 실패를 하지 않는다면, 당신은 충분히 혁신적이지 못하다.

스티브 잡스Steve Jobs(미국의 기업가, 애플의 창업자)

- Do you want to spend the rest of your life selling sugared water or do you want a chance to change the world?

  당신은 설탕물을 팔면서 평생을 보낼 것인가 혹은 이 세상을 바꿀 수 있는 기회를 찾을 것인가?

- Let's go invent tomorrow rather than worrying about what happened yesterday.

어제 일어났던 일에 대해서 걱정하느니 차라리 내일을 위해서 무엇인가를 발명하자.

— Remembering that I'll be dead soon is the most important tool I've ever encountered to help me make the big choices in life.

내가 곧 죽을 것이라는 사실을 기억하는 것이 내가 큰 결정을 할 때 어려움에 직면하면 도움을 주었던 가장 중요한 수단이었다.

— I don't care about being right. I care about success and doing the right thing.

나는 일이 올바로 되는지에 대해서 신경 쓰지 않는다. 다만 나는 성공과 올바른 일을 하는 데 신경 쓴다.

— If you don't love it, you're going to fail.

당신이 하는 걸 사랑하지 않으면, 당신은 실패할 것이다.

— I think all of us need to be on guard against arrogance which knocks at the door whenever you're successful.

우리 모두는 당신이 성공했을 때 찾아오는 거만함을 경계해야 한다고 나는 생각한다.

— I want to put a ding in the universe.

나는 우주에 한 획을 긋고 싶다.

▬ Sometimes life hits you in the head with a brick. Don't
lose faith.

종종 인생이 당신의 머리를 벽돌로 칠 때가 있다. 그럴 때 신념을 잃으면
안 된다.

▬ My favorite things in life don't cost any money. It's really
clear that the most precious resources we all have is time.

내 인생에서 가장 좋아하는 일들은 돈이 들지 않는다. 우리 모두가 가지고
있는 가장 고귀한 자원은 시간이란 사실은 확실하다.

▬ Sometimes when you innovate, you make mistakes. It is
the best to admit them quickly, and get on with improving
your other innovations.

종종 당신은 혁신적인 일을 할 때 잘못을 저지를 수 있다. 그럴 때 빨리 그
잘못을 인정하는 것이 최선이다. 그리고 다른 혁신적인 것들을 개선하기
위한 일을 시작해야 한다.

▬ Pretty much, Apple and Dell are the only ones in this
industry making money. They make it by being Wal-Mart.
WE make it by innovation.

솔직히 말해서, 애플사와 델은 이 산업에서 돈을 버는 유일한 회사들이다.

그들은 월마트와 같은 스타일로 돈을 번다. 그러나 우리는 혁신적인 방법으로 돈을 번다.

_ Have the courage to follow your heart and intuition. They somehow know what you truly want to become.

당신의 가슴과 직관이 시키는 대로 따라갈 수 있는 용기가 있어야 한다. 그 두 요소는 당신이 진정으로 무엇이 되고자 하는지를 알고 있다.

_ That's been one of my mantras-focus and simplicity. Simple can be harder than complex; you have to work hard to get your thinking clean to make it simple.

한 가지 일에 집중하는 것과 단순하게 하는 것은 명상할 때 내가 외우는 유일한 주문이었다. 단순하게 하는 것은 복잡하게 하는 것보다 더 어려운데, 단순화하기 위해서는 정말 열심히 노력해야만 생각을 투명하게 할 수 있다.

마하트마 간디 Mahatma Gandhi(인도의 민족운동 지도자)

_ An eye for eye only ends up making the whole world blind.

눈은 눈으로 대응하라는 것은 전 세계인들을 장님으로 만들 뿐이다.

_ The weak can never forgive. Forgiveness is the attribute of the strong.

약자는 결코 용서할 수 없다. 용서는 강한 자의 속성이다.

_ Nobody can hurt me without my permission.

아무도 나의 허락이 없이는 나에게 상처를 줄 수 없다.

_ Seven dangers to human virtue.

인간만이 가진 덕을 위태롭게 하는 7가지 위험 요소들.

1. Wealth without work 근로 없는 부
2. Pleasure without conscience 도덕심이 없는 쾌락
3. Knowledge without character 정직하지 않은 지식
4. Business without ethics 윤리 없는 상행위
5. Science without humanity 인간성이 결여된 과학
6. Religion without sacrifice 희생 없는 종교
7. Politics without principle 원칙 없는 정치

장자莊子(송나라 사상가)

_ A dog is not reckoned good because he barks well, and a man is not reckoned wise because he speaks skillfully.

개가 잘 짖는다고 좋은 개라고 생각하지 않고, 마찬가지로 사람은 말을 기묘하게 잘한다고 현명한 사람이라고 생각하지 않는다.

▬ Once upon a time, I dreamt I was a butterfly, fluttering hither and thither, to all intents and purposes a butterfly. I was conscious only of my happiness as a butterfly. Soon I awakened, and there I was, veritably myself again. Now I do not know whether I was then a man dreaming I was a butterfly, or whether I am now a butterfly, dreaming I am a man.

오래전에 나는 실제로 한 마리의 나비가 되어 여기저기로 날아다니는 꿈을 꾸었다. 나는 한 마리의 나비로서 오로지 행복함만을 느꼈다. 곧이어 나는 깨어났고, 거기에 나는 있었는데, 분명 다시 나 자신이었다. 지금 나는 그 꿈속에 있었던 내가 사람으로 나비가 된 꿈을 꾸었는지, 혹은 내가 지금 나비인데 사람이 된 꿈을 꾸었는지 알 수 없다.

▬ No one has lived longer than a dead child, and P'eng Tsu(彭祖.팽조) died young. Heaven and Earth are as old as I, and the ten thousand things are one.

이 세상에서 죽은 한 아이보다 오래 산 사람은 아무도 없는데, 팽조는 젊은 나이에 죽었다. 하늘과 땅은 나와 같이 오래되었는데, 천 가지 일들은 결국 하나이다.
* 중국 설화에 나오는 상나라(은나라) 때의 팽조(彭祖)는 834세를 살았다고 하고, 구약성경에 나오는 무두셀라는 969년을 살았다고 되어 있는데 모두

설화일 가능성이 농후하며 두 인물은 결국 동일한 인물 일 가능성이 높다.

- 칼 세이건 Carl Sagan의 『코스모스COSMOS』에서

실용적인 단어와 숙어들을 정리해서 독자들에게 미국인들을 대할 때 고급영어를 쓸 수 있는 가교를 마련해 보았다. 매일매일 새로운 하루를 내가 만들어 나간다는 자세로 간단한 단어를 외우다 보면, 어느새 우아하고 멋진 영어를 구사할 수 있을 것이다.

미국인과 대화할 때 꼭 알아야 할
실용 단어와 관용어

A-Z

미국인과 대화할 때
꼭 알아야 할 실용 단어와 관용어

    비영어권 사람들이 자신의 나라에서 성년을 보내고 미국으로 유학을 가서 대학원에서 비록 영문학 박사 학위를 받았을지라도 미국인들과 대화하는 데 어려움이 많다는 이야기를, 나는 많은 사람들로부터 들었다. 왜 그럴까?

    언어란 그 민족이 수천 년 전부터 조상 대대로 전수해 온 서로 다른 문화(언어, 식생활, 습관, 전통, 몸짓, 표정, 주거시설, 역사)의 총체가 몸 전체의 세포 하나하나에 DNA로 응축되어 있기 때문이다. 특히 영어는 수많은 민족의 말이 뒤섞여 있기 때문에 영어권에서 태어나서 줄곧 교육을 받고 서양 문명에 관한 엄청난 서적을 집중적으로 독서를 하지 않는 한 영어를 백 퍼센트 이해하기란 불가능하다.

    미국에서는 3세 때 한국에서 의사인 아버지를 따라서 미국에 온 이창래(현재 스탠퍼드대학 창작문학과 교수)와 몇 년 전 소설 『파친코』를 써서 전 세계적인 베스트셀러 작가로 등장한 이민진(현재 엠허스트대학 창작문학과 교수)을 재미 교포 작가 중 가장 성공한 사례로 꼽고 있다. 그러나 그들은 작품에서 보여 주듯이 어린 나이 때부터 다양한 장르의 엄청난 독서를 통해서 서양의 문화를 체득했다고 볼 수 있지만, 사실 그들도 영어를 백 퍼센트 완벽하게 이해하고 있는지는 모를 일이다. 이창래 교수는 현재 미국에서 50명의 저명한 문인 중 한 사람으로 뽑힐 정도이고 헤밍웨이상을 수상하기도 했다.

영어는 원래 독일어Germanic · Teutonic 계통에서 유래한 것이다. 전체적으로 영어는 29%의 라틴어, 29%의 프랑스어, 26%의 튜토닉어(게르만어), 6%의 그리스어, 4%의 세계 각국에서 유래한 고유명사 그리고 6%의 아메리칸 인디언어와 출처가 불분명한 언어로 구성되어 있다. 지금 미국에서 쓰는 영어는 셰익스피어 시절의 영어와 현대영어가 복합된 것이다.

근대에 들어와서는 영국의 청교도들이 미국에 정착하면서 아메리칸 인디언들이 쓰던 언어가 영어화되었는데 예를 들어 라쿤raccoons, 스컹크skunks, 모카신moccasins, 어포섬opossum, 미시시피Mississippi(big river), 시카고Chicago(garlic field), 맨해튼Manhattan(the island it has many hills), 오하이오Ohio(위대한 강), 미시간Michigan(위대한 호수), 아이다호Idaho(태양의 딸) 등이 아메리칸 인디언들로부터 차용한 단어이다. 사실 미국의 50개 주 이름 중 40개 정도는 거의 아메리칸 인디언들의 말이 영어화된 것들이다.

그런 복잡한 관계로 영어는 정말 어떤 고정된 음운변화 법칙이 존재하지 않는다. 각기 다른 문화적 배경을 가진 백화점 식 언어이기 때문에 그 옛날 서로 다른 조상들이 쓰던 말의 액센트를 그대로 사용해야만 이해할 수 있는 것이다. 우리 한글은 남대문 하면 지역마다 억양은 좀 다르더라도 발음만은 어느 지역에서나 동일하게 남대문으로 발음한다.

그러나 영어의 제일 큰 문제는 알파벳의 발음과 실제 음운(音韻, phonetic sound) 체계가 영어권 나라들마다 각기 다르고 무엇이 올바른 발음인지를 구분하기가 매우 어렵다는 점이다. 지금도 미국 정부나 학계에서도 정확하게 영어 발음의 주도권을 가진 단체가 없는 형편이나, 대부분의 대학에서는 19세기 말 영국의 헨리 스위트Henry Sweet와 함께 다른 세 명의 언어학자가 공동 개발한 발음을 기본으로 하고 있다. 그게 바로 IPA(International Phonetic Alphabet)인데, 완벽한 체계는 아니라도 미국과 영국에서 최고의 권위를 가지고 있다. 그래서 마크 트웨인Mark Twain은 영어야말로 이 세상에서 가장 머리가 나쁜 사람들이 만든 형편없는 우스꽝스러운 언어라고 혹평을 했다.

저자는 이민 초기에 당했던 수모를 극복하고자 지난 43년 동안 거의 하루도 빠지지 않고 뉴욕 타임즈를 읽고 또 다양한 저널과 방송, 수많은 영문 소설을 통해서 평소에 우리가 발견할 수 없는 단어와 관용어들을 그때마다 한 자 한 자 노트에 정리해 온 끝에 이번에 그 실용적인 단어와 숙어들을 정리해서 독자들에게 미국인들을 대할 때 고급영어를 쓸 수 있는 가교를 마련해 보려고 노력하였다.

영어를 잘할 수 있는 최고의 지름길은 암기이다. 멋진 문장은 그냥 외워서 내 것으로 만들어야 한다. 또 미국인들과 대화할 때 no brainer(그건 식은 죽 먹기야), nuclear option(극단적인 선택), shot gun marriage(마지못해 하는 결혼), point-blank(단독직입적인), couch potato(오랫동안 앉아서 TV만 보는 사람), nothing burger(그건 별로 중요하지 않은 일이야), buck-passing(책임 전가), no kidding(그럴 리가), high horse(거만, 오만), catch 22(진퇴양

난), sound bite(아주 짧고 효과적인 어구), money talks(결국 돈이지 뭐), 20/20 hindsight(소 잃고 외양간 고치기)와 같은 관용어를 섞어서 쓰면 대화에 생동감이 넘치고 또 의사 전달이 쉬워진다.

　매일매일 새로운 하루를 내가 만들어 나간다는 자세로 열심히 이 책을 읽고 또 간단한 단어는 외우다 보면 어느새 인식의 새로운 지평이 열리면서 우아하고 멋진 영어를 구사할 수 있을 것이라고 저자는 확신한다.

영어의 세 가지 특징

English doesn't go by grammar. Native speakers' expressions run English not by the grammars. 영어는 문법이 중요하지 않으므로 원어민들은 문법에 신경 쓰지 않는다.

첫째, English is stress based language. 영어는 액센트가 가장 중요하다.

저자가 사십사 년 전 뉴욕에 처음 이민 와서 살 때의 일화가 지금도 생생하게 생각난다. 아내와 함께 쇼핑을 위해서 뉴저지의 버겐 카운티 Bergen County에 갔다가 몽고메리 스트리트Montgomery street를 찾을 수가 없었다. 차를 잠시 세워 놓고 지나가던 행인에게 액센트를 "몽"자에다 두고 Mo'ntgomery 스트리트가 어디에 있느냐고 물어보았더니, 그 미국인은 전혀 알아듣지 못하고 다시 한 번 말해 달라고 했다. 그래서 이번에는 "메"자에다 액센트를 두고 Montgom'ery 스트리트가 어디에 있느냐 고 물어보았다. 그래도 알아듣지를 못해서 이번에는 볼펜으로 썼다. 그랬더니 그 사람은 "오, 몽고'메리 스트릿(Montgo'mery street)" 하면서 친절하게 가르쳐 주었다.

심지어 뉴욕의 뮤지엄(museum)을 찾아갈 때도 "muse'um" 뮤지'엄 하고 "지"자에 액센트를 두고 말해야지, 액센트 없이 그냥 mu'seum(뮤'지엄) 하면 대략 70퍼센트 정도의 미국인들은 music으로 알아듣기 쉽다.

둘째, linking. 영어는 음절과 음절이 연결되는 부분을 정확하게 흉내 내는 것이 중요하다.

예를 들어 아침 식사를 하기 전에 식구들에게 "Who is going to be brave one?" 하고 말하면 "누가 토스트를 구울 것인가?"라는 말인데 "후 스 고노 비 브레이브 원"이라고 발음한다.

셋째, collocation(컬러 케'이션). 연어, 즉 특정 단어의 다음에는 반드시 특정 단어를 써야 하는 원칙이다. 그 이유는 설명할 수 없지만 영어에 서는 무조건 따라야 하는 법칙이다.

예를 들어 "fall in love"은 "fall to love"이나 "fall near love"이 될 수 없 다는 원칙이며, "have dinner" 역시 "eat dinner"라고 말하면 안 된다.

알아두기

여기에 실린 단어를 읽을 때 ' (apostrophe)가 있는 곳에 액센트를 줄 것. 그리고 약간 띄어 쓴 곳과 ~표시가 된 곳은 아주 짧은 휴지(pause)를 둘 필요가 있다. 더불어 영어에서 꼭 알아야 할 사소한 사항들은 다음과 같다.

1. 구개음화(palatalized sounds)

   예 did you-(디쥬), would you-(우쥬)

   마치 우리말에서 '굳이'를 '구지'로, '같이'를 '가치'로 발음하는 것과 같은 현상이다.

2. 연음법칙(the law of consonants, linking)

   앞 단어가 자음으로 끝나고 뒤에 오는 뒷 단어의 첫 알파벳이 모음으로 시작되면 앞의 자음이 뒤 모음에 붙어서 소리가 난다.

   예 fill out-(필라웃), work out(워카웃)

3. 단어의 첫 번째 알파벳 a는 '아', '어', '애', '에' 등 7가지로 발음된다.

   예 about(어바'우트), army(아'미), apologize(어폴'러 자이즈), apple(애'플), ambition(엠비'션)

4. 단어의 중간에 나오는 a 는 다양하게 발음한다.

   예 exact(익잭'트), father(화'더), fall(월), parable(패'러블), share(쉐'어, '어'와 '아'의 중간 정도로 발음), brat(브랫), private(프라'이빗, '이'에 가깝게 발음)

5. 단어의 첫 부분에 시작되는 알파벳 o는 out(아웃), oblivion(어브 리'비언) 등 소

수의 단어를 제외하곤 대부분 그대로 '오' 발음한다.

예 opinion(오피'니언), office(오'피스), old(올'드), orange(오'랜지), over(오'버)

6. 단어의 중간에 나오는 o는 progress(프러'그래스), propose(프러포'즈), moat(못'), vortex(보'택스) 등 소수의 단어를 제외하고 95% 정도 a(아)로 발음한다.

예 mother(마더), modern(마던), monster(만스터), mountain(마운틴)

7. 단어 중 rt 다음에 모음 a, e, i, o, u가 나오면 t를 "ㄹ"로 발음한다.

예 And when the broken "hearted" people에서 하티드 피풀이 아니라 "하리드 피플"로 발음한다.

8. 단어의 첫 번째 나오는 t는 정관사 the를 제외하고 99% 는 "t"로 발음한다.

예 time(타'임), tear(티'어), twin(트윈)

9. 단어 중간에 나오는 t는 99% d로 발음한다.

10. 영어에서 R을 발음할 때는 무조건 혀를 마음껏 꼬부려(권설음) 주는 것이 필수적이다.

11. 영어에서는 전치사 혹은 부사로 쓰이는 off를 유효하게 잘 사용해야 한다. "Turn off" 할 때는 "전기를 끄다"의 부정적인 뜻이지만, "the alarm went off" 하면 "알람이 울렸다"는 긍정의 뜻이 된다.

예 Turn the radio off(라디오를 끄다), I just got off work(나는 방금 일을 끝냈다), He fell off the ground(그는 2 층에서 바닥으로 떨어졌다), He drove off at the break neck speed(그는 맹렬한 속도로 달렸다)

A

a blind stupor
[어 브라'인드 스투'퍼]

감각적으로 아둔한 상태, 맹목적적인 사람, 인사불성의 상태

예 He fell into a blind stupor
그는 인사불성이 되었다.

absently
[앱'샌트리]

멍하니, 무심코

absorbing
[업'소빙]

몰입하게 만드는, 흥미진진한

예 I read an absorbing novel overnight
나는 밤새 흥미진진한 소설을 읽었다.

absurdity
[업서'디티]

부조리함, 모순, 어리석은 일

accost
[어코'스트]

다가가 말을 걸다(특히 위협적으로)

예 someone accosted me on the street
어떤 사람이 거리에서 나에게 말을 걸었다.

action-packed
[액션 팩'드]

흥미진진한, 액션이 많은

adversary
[애'드버서리]

상대방, 반대자, 적수

a far cry
[어 화' 크라이]

심한 격차, ~ 와는 거리가 먼

a flat-out lie
[어 후'랫 아웃 라이]

새빨간 거짓말

all-hands-on-deck
[올 핸'스 온 댁]

모두 손을 모아 돕다(십시일반)

all the more striking
[올' 더 모어 스트라'이킹]

더욱더 놀라운

ambience
[앰'비언스]

환경, 분위기

amoeba
[어미'바]

단세포 * '아메바'로 발음하면 미국인들은 알아듣지
못한다.

anglophone
[앵'그로 폰]

(영어권의) 영어 사용자

anti-climax
[앤'티 글라'이 맥스]

용두사미, 실망스러운 결말

예 After all, the movie ended up as an anti-
climax 결국 그 영화는 용두사미로 끝났다.

antics
[앤틱]

익살스러운 행동, 터무니없는 행동

apprehensive
[어프리핸'시브]

불안한, 걱정이 되는

arbitrary
[아'비트러리]

제멋대로의, 임의적인

arresting
[어 래'스팅]

아주 매력적인, 시선을 사로잡는

a sign of the times
[어 사'인 오브 더 타임]

시대의 증후, 시태

asshole
[애'스 홀]

지겨운 녀석, 멍청한 녀석

ass off
[애스 오프]

(속어로)열심히, 필사적으로의 뜻으로 가까운 친구 사
이에 쓰는 말

예 I studied my ass off 나는 진짜 열심히 공부했어.
I'm working ass off 나는 뼈빠지게 일해.

a tough nut
[어 터'프 넛]

다루기 힘든 사람, 난폭한

atypical
[에이 티'피컬]

이례적인

austere
[오스티'어]

꾸밈 없는, 소박한

awkwardly
[옥' 워드리]

어색하게, 거북하게, 서투르게

B

back-alley
[백'앨리]

은밀히 이루어지는
예 back-alley abortion 몰래 하는 유산

backbite
[백'바이트]

험담하다, 흉보다
예 they are all backbiting 그들은 모두 험담을 한다.

backslapping
[백'스래핑]

지나친 칭찬

backwater
[백'워더]

후미진 곳, 벽지

ballpark figure
[볼'팍 휘'겨]

대략적인 액수, 대략적인

bantering
[밴'터링]

놀림

bare bones
[배'어 본~스]

골자, 요점
예 just tell me the bare bones 요점만 말해

barging in
[바'징~인]

남이 말하는 데 불쑥 끼어들다

barefaced
[배어 훼이스드]

뻔뻔스러운, 후안무치의

bare-knuckled
[배어 너'클드]

마구잡이의, 맹렬한, 전투적인

bastard [배'스터드]	1. 개자식, 개새끼 2. 사생아
bait and switch [베잇 앤 스위치]	후림 상술(과대광고로 손님을 끌기 위한 상술)
bear down [배'어 다운]	압도하다
beaten path [비'튼 패스]	익숙한 길, 늘 다녀서 생긴 길
beat– up [비'덥]	낡아 빠진 예 he drives a beat-up car 　　그는 낡아 빠진 차를 몰고 다닌다.
beeline [비'라인]	골프에서 최단거리(즉 돌아가지 않고 직선거리로 가는 것)
beef–up [비' 훱]	증강, 보강
be born a faith [비 본'어 훼이즈]	모태신앙 예 I was born a faith 나는 모태신앙으로 태어났다.
behold [비홀'드]	볼만하다 예 Her ballet performance was something to 　　behold 그녀의 발레 공연은 정말 볼만했다.
beholden [비홀'든]	~에게 신세를 지고 있는
beloved [비 러'브드]	사랑하는, 사랑받는
bellwether [벨'웨더]	전조
bibliophile [비'브리어 화일]	애서가, 책을 사랑하는 사람

blabber [브래'버]	횡설수설하다
blah,blah,blah [블라 블라 블라]	어쩌고저쩌고하는 말투, 허튼소리
blear [브리'어]	눈이 침침한, 흐린
blissed-out [브리'스드 아웃]	더없이 행복한, 황홀한
bloodbath [브러'드 배'드]	피의 숙청, 대량 살인, 대량 학살
blowhard [블로'우 하드]	허풍쟁이
blue-chip [블루 칩]	일류의, 우량의 예 a blue chip company 우량기업,일류기업
blush [블러쉬]	얼굴을 붉히다, 빨개지다
blowup [블'로우업]	불끈 화냄, 격분, 폭발
body double [바디 따'블]	연기에서의 대역
bombast [범'배스트]	호언장담, 과장된 말, 허풍
boorish [부'리쉬]	시골뜨기
boot out [붓'아웃]	~를 쫓아내다, 제외시키다
bottleneck [바'들 낵]	장애물

brainchild [브레'인 차일드]	아이디어, 발명품
breakneck [브랙' 넥]	위험할 정도의 예 John drove to the hospital at breakneck speed 　존은 병원을 향해 무서운 속도로 차를 몰았다.
bravado [브러 바'도]	허세
brag [브랙]	과시하다
breastfeeding [블레'스트 휘딩]	모유를 먹이는
breathtaking [브레스 테'이킹]	깜짝 놀랄 만한
brimming with humor [브리밍 위드 휴머]	유머가 넘치는
broad-minded [브로드 마인디드]	너그러운
brownie point [브라'우니포인트]	윗사람의 신임(점수)
buck-passing [벅' 패'싱]	책임 전가 예 we don't want buck-passing, we want 　solutions 우리는 책임은 회피하는 것이 아니라 　해결책을 원합니다.
buck stop [벅 스탑']	책임을 지다 예 The buck stops with me 책임은 내가 지겠다.
bucolic [뷰 커'릭]	목가적인(=**pastoral**)

building blocks
[빌딩 브럭]

구성 요소

bum
[범]

게으름뱅이, 놈팡이

bumble
[범'블]

갈팡질팡하다

bumbling
[범'브링]

갈팡질팡하는

bumpkin
[범'킨]

시골뜨기

예 country bumpkin 시골 무지렁이

bungle
[벙'글]

~을 엉망으로 하다, 서투르게 하다

burble
[버'블]

지껄이다

예 what is he burbling about
     그 녀석 무어라고 지껄여?

burning question
[버'닝 퀘'스천]

핵심을 찌르는 질문, 많은 사람들이 궁금해하는 질문

burnout
[번'아웃]

극도의 피로

busybody
[비'지 바'디]

남의 일에 참견하는 걸 좋아하는 사람

butterfly in the stomach
[버'터후라이 인더 스토'막]

긴장으로 인해 안절부절못하는

buzzword
[버'즈 워드]

유행어

by a long shot
[바이어 롱' 샷]

확실히, 전혀

예 Capitalism isn't dead by a long shot
     자본주의가 사라질 가능성은 전혀 없다.

by the same token
[바이더 세'임 토큰]

같은 이유로, 같은 논리로

by word of mouth
[바이 워드 오브 마우스]

입에서 입으로

C

cackle
[캐'클]

1. 낄낄 웃다 2. 닭이 꼬꼬댁 울다

cadence
[케'이던스]

말소리의 억양

cajole
[커졸']

꼬드기다, 회유하다

calve
[캘'~브]

새끼를 낳다

candor
[캔'더]

솔직함, 허심탄회, 정직

예 He has got a reputation for his candor and integrity
그는 솔직하고 성실하다는 평을 받고 있습니다.

carping
[카'핑]

트집 잡기

carried away
[캐'리드 어웨이]

~에 푹 빠졌다, 감정에 휘말렸다

예 she was carried away by the feeling after having watched a movie
그녀는 영화를 감상하고 자신의 감정에 휘말렸다.

catch at shadows
[캐'치 앳 쉐'더우스]

헛수고하다

caviling
[캐'버링]

트집 잡기를 좋아하는

chatbot
[쳇'밧]

사람과 대화할 수 있는 메신저 프로그램 *'chatter'
와 'robot'의 합성어

chatter
[췌'더]

수다를 떨다

cheap shot
[칩' 샷]

비열한 행동

예 That was a cheap shot, and you know it
그것은 비열한 짓이었고 당신은 그걸 알고 있습니다.

**chicken and egg
question**
[치큰 앤드 에그 퀘'스쳔]

닭이 먼저냐 알이 먼저냐 하는 싸움

chock-full
[촉'훌]

꽉 들어찬

예 His life is chock-full of failure
그의 인생은 실패로 가득 차 있다.

chortle
[초'틀]

깔깔거리며 웃다

chum
[첨~ (비격식적인 표현으로)]

친구, 단짝

chutzpah
[허'쯔 빠]

(히브리어로 유대인들의 특징인)뻔뻔함, 후안무치

civil
[씨'빌]

예의를 지키는

예 I appreciate people who are civil
나는 예의를 지키는 사람에게 감사한다.

clamp down
[크램'프 다운]

단속하다, 탄압

**cloud-cuckoo-
land**
[크라'우드 쿠'쿠 랜드]

공상의 세계

clueless
[크루'레스]

아주 멍청한, 숙맥(= fool)

clumsy
[크럼'지]

서투른, 세련되지 못한, 투박한
예 a clumsy lie 서투른 거짓말

cock- and -bull story
[칵' 엔 벌 스토리)]

엉터리 해명(변명), 황당무계한 이야기

cocky
[카'키]

젠체하는, 건방진

coddle
[카'들]

애지중지하다

college-bred
[컬'리지 브래'드]

대학 교육을 받은

comely
[캄'리]

어여쁜, 아름다운
예 comely face 아름다운 얼굴

coming of age
[카'밍 오브 에이지]

성년이 되는 시기, 성인
예 John is coming of age next year
   잔은 내년에 성인이 된다.

compelling
[컴팰'링]

눈을 뗄 수 없는, 주목하지 않을 수 없는

compulsive
[컴 펄'시브]

상습적인, 강박적인, (자기 행동을)통제하기 힘든
예 He became a compulsive drinker
   그는 상습적인 음주자가 되었다.

condescend
[컨'디샌드]

1. 잘난 체하다 2. 자신을 낮추다
예 He did not condescend before the audience
   그는 청중들 앞에서 잘난 체하지 않았다.

congenial
[컨 지'니얼]

마음에 잘 맞는

congruent [칸' 그루언트]	일치하는
con man [콘'맨]	사기꾼
consequential [컨'시퀜셜]	~의 결과로 나타나는
consummated person [컨'슈메이티드 퍼슨]	인격이 완성된 사람
cook up [쿡 업]	조작하다
crap [크랩~]	허튼소리
crackpot [크랙' 팟]	괴짜, 별난 사람(= **jackass**잭' 애스)
crackerjack [크랙'커 잭]	진짜 멋진 사람, 또는 멋진 것
cracking up [크래'킹]	박장대소하다
cramp [크램'프]	다리 등에 쥐가 나는 것 예 I have a cramp on my leg 나는 다리에 쥐가 나.
crinkly [크린' 크리]	잔주름이 많은, 쪼글쪼글한

crossed mind
[크로'스 마인드]
	문득 생각나다, 문득 떠오르다
	예 My old girlfriend crossed my mind when I
	  was watching a movie
	  영화를 보면서 나는 옛 여자 친구가 문득 떠올랐다.

cursory [커'서리]	형식적인, 대충하는

cut-throat
[캇'~트롯]

경쟁이 치열한, 먹히냐 먹히느냐의

cyborg
[싸'이 복]

(미래에 나타나게 될)신체의 일부가 기계로 된 인간

D

daredevil
[대'어 대'블]

무모한 사람

deadlock
[대'드 락]

교착 생태

deadly serious
[대'드리 시리어스]

아주 심각한, 아주 진지한

descent
[디센'트]

1. 혈통, 가문 2. 내려오기, 하강

dead-panned
[대'드 팬'드]

무표정한, 냉담한

decry
[디 크라'이]

헐뜯다, 매도하다

deferential
[대'훠 랜'셜]

공손한, 예의를 갖춘

dependable
[디팬' 더블]

믿을 만한

dinged
[딘'즈드]

망가지다, 찌그러지다

예   the car behind me bumped into mine and
dinged up the back fender
뒤에 차가 내 차를 받아서 뒤쪽 범퍼가 쑥 들어갔다.

dismissive
[디스 밋'시브]

깔보는 듯한, 무시하는

disoriented
[디스오'리엔티드]

혼란에 빠진, 방향 감각을 잃은

disposition
[디스 포지'션]

1. (타고난) 기질, 성향 2. 배치, 배열

diss
[디'스]

경멸하다, 모욕을 주다, 무시하다

예 It is impolite to diss his privacy
그의 사생활을 무시하는 것은 결례다.

distaste
[디스 테'이스트]

불쾌감, 혐오감

don't be chicken
[돈 비 치'킨]

겁먹지 마

예 I am not a chicken 나는 겁쟁이가 아니거든.

downright
[다'운 롸잇]

순전한, 완전한

예 It was a downright deceit 그건 완전한 사기였다.

drift off
[드리'프트 오프]

잠이 들다

예 The bell rang when I was about to drift off
내가 잠이 막 들려고 했을 때 전화벨이 울렸다.

drop-dead
[드랍~대드]

아주 넋을 쏙 빼놓을 정도로

예 she is drop-dead gorgeous
그녀는 넋을 빼놓을 정도로 매력적이다.

dumbfounded
[덤'화'운디드]

가가 막혀서 말이 안 나오는, 너무 놀라서 말을 못하는

duplicity
[듀 프리'시티]

이중성, 표리부동

duty-bound
[듀'리 바운드]

~할 의무가 있는

예 I felt duty -bound to help her
나는 그녀를 도와야 할 의무감을 느꼈다.

dyspeptic
[디스팹'딕]

소화불량

E

earthling
[어'스링]

(공상 과학 소설에서)지구인

earsplitting
[이'어 스프리'팅]

귀가 찢어질 것 같은, 귀청이 터질 듯이 요란한

ebb and flows
[앱 앤 후로]

밀물과 썰물, 인생의 흥망성쇠
예 He has gone through the ebbs and flows in life
　그는 인생의 흥망성쇠를 다 겪은 사람이다.

egghead
[에그 헤드]

인텔리, 지성인

eccentric
[익 센'트릭]

괴짜

embellished
[임밸'리쉬드]

미화된
예 sincere words are not embellished
　진실한 말은 달콤하지 않다.

endemic
[앤 대'믹]

고유의, 고질적인
예 Corruption is endemic in the developing
　countries 부패는 후진국의 고질병이다.

evanescent
[이브 내'슨]

덧없는, 무상한

evolved person
[이볼'브드 퍼슨]

깨친 사람, 내공이 된 사람

expound
[익스 파'운드]

자세히 설명하다

eyes closed
[아'이스 크로'우스드]
눈을 감고도, 쉽게, 착각 속에

F

fad
[훼'드]
일시적인 유행(= whim)

failover
[훼'일 오버]
컴퓨터 시스템 대체 작동(메인 시스템이 정지되면 자동으로 예비장치가 작동하는 시스템)

fair enough
[훼'어 이너프]
좋아요, 괜찮아요

fall out
[훨'아웃]
사이가 틀어지다
예 I fell out with her 나는 그녀와 헤어졌다.

fancier
[홴'시어]
(새나 동물의) 애호가

far cry
[화 크라이]
~와 전혀 거리가 먼, ~와 전혀 다른
예 He is a far cry from his brother
그는 형과는 딴판이다.

far-seeing
[화' ~싱]
선견지명이 있는

fast and loose
[팩스트 앤드 루스]
아무렇게나 대하다, 되는 대로 적당히 하다

fence-sitter
[휀'스 씨더]
기회주의자

fickle
[휘클]
변덕스러운

fender bender
[휀더 밴더]
가벼운 사고

feverish
[휘'버리쉬]
몹시 과열된, 몹시 흥분된

figment
[휘'그먼트]
허구

fill his shoes
[휠 히스 슈'스]
~의 대신에
예 I hope I can fill his shoes
　　나는 그 대신 역할을 잘 해냈으면 좋겠다.

fire up
[화'이어 압]
흥미를 불어넣다, 작동시키다

fits and starts
[휫'스 앤 스타'트]
발작적으로

fizzle out
[휘'즐 아'웃]
흐지부지되다
예 the ending of the movie just fizzled out
　　그 영화는 흐지부지 끝났다.

clairvoyance
[크래'어 보'이언스]
천리안

flash back
[후래'쉬 백]
회상하다

flash point
[후래쉬 포인트]
일촉즉발의 위기, 발화점

flat out
[후랫'아웃]
죽어라고, 일언지하에, 딱 부러지게

flatter
[후래'더]
아첨하다, 돋보이게 하는, 비위를 맞추다

fleeting
[후리'팅]
순간적인
예 fleeting pain 순간적인 고통

flesh out
[후래'쉬 아웃]
구체화하다, 살을 붙이다

flit
[후릿']

가볍게 돌아다니다, 스쳐 지나가다
예 bees are flitting from flower to flower
벌들은 꽃에서 꽃으로 이동한다.
A moonlight flitting (빚쟁이를 피하기 위한) 야반 도주

flub a shot
[후럽 어 샷]

골프에서 샷을 망치다

fluke
[후룩']

1. 요행 2. 미늘, (항해의) 닻가지

flummery
[후러'머리]

공치사, 빈말

flushed
[후러'쉬드]

상기된

foolproof
[훌'프루프]

실패할 염려 없는, 누구나 이용할 수 있는

foolhardy
[훌'하디]

무모한, 천방지축의

foresight
[워' 싸이트]

선견지명, 예지력

foul-mouthed
[화'울 마'우스드]

입버릇이 더러운, 상스러운

freewheeling
[후'리 윌링]

자유분방한

freak out
[후릭' 아웃]

1. 놀라다, 질겁하다 2. 흥분하다, 환각 증상이 되다

fully engage
[훌'리 인게'이지드]

~에 전념하다, 성의를 다하다

fulsome
[훌'섬]

칭찬이 지나친, 진실성이 결여된

G

gaffe
[개'프]

실수

game changer
[게임 첸져]

상황을 바꾸어 놓을 만한 중요한 역할을 하는 사람,
또는 상황

garbled
[가'블드]

알아들을 수 없는

garden-variety
[가든 버라'이어티]

흔해 빠진, 보통의

gauging
[가'우징]

바가지를 씌움

예 Price gauging is widespread
바가지요금이 만연해 있다.

get-go
[갯'고]

개시, 시작

예 It was a total success from the get-go
출발부터 대성공이야.

geek
[긱']

괴짜(= **nerd**)

예 a computer geek 컴퓨터만 아는 괴짜, 컴퓨터광

ghostwriter
[고'스트 롸'이러]

대필 작가

gibber
[지'버]

횡설수설하다

giggle
[기'글]

킥킥(낄낄) 웃다

glib
[그립]

구변 좋은, 말을 잘하는

예 glib talk(그립 토'크) 입에 발린 말

gobble up
[거'블 업]

게걸스럽게 먹어 치우다

god-forbidden
[갓 훠비'든]
그런 일은 없을 것이다

God's sake
[갓'스 세이크]
제발

go down a drain
[고'우 다운 어 드레'인]
수포로 돌아가다

go down in history
[고'우 다운 인 히'스토리]
역사에 길이 남다, 역사에 기록되다

God willing
[갓'윌링]
별일 없으면, 계획대로만 되면
예　God willing, I will be back next week.
　　저는 별일이 없는 한 다음 주에 돌아옵니다.

go-getter
[고~개러]
성공하려고 작정한 사람(특히 사업에서)

golden boy
[골'든 보이]
인기 있는 사람, 총아

gone above his station
[건'어버브 히스 스테이션]
주제넘게 행동하다

good-for-nothing
[굿'훠 낫싱]
아무 짝에도 쓸모 없는

good-natured
[굿 네'이춰드]
온화한, 부드러운

goofy
[구피]
바보스런, 멍청이의

go the extra mile
[고 더 엑'스트라 마일]
특별히 애를 쓰다, 한층 더 노력하다

grandstanding
[그랜'그탠딩]
사람의 눈을 끄는

great uncle
[그레'이트 엉클]

큰아버지

gregarious
[그리 개'리어스]

사교적인

grievance
[그리'번스]

불평, 고충

예 Mary had been nursing a grievance against
her boss for months 메리는 자신의 보스에 대
한 불만을 몇 달째 품어 오고 있던 상태였다.

gullible
[걸'러블]

남을 잘 믿는, 잘 속아 넘어가는

gut feeling
[것' 휠링]

육감, 직감

gutsy
[것~시]

배짱 있는, 대담한

H

habit-forming
[해빗-훠밍]

습관성의

hairsplitting
[헤어~스프리'딩]

사소한 일에 구애받는, 소심한

half in jest
[해'프 인 재스트]

반농담으로

ham-handed
[햄~핸'디드]

서투른, 솜씨 없는

hand-to-mouth
[핸'드 투~마'우스]

그날그날 먹고사는, 겨우 입에 풀칠을 하는

hanging in the balance
[행'잉 인더 바'란스]

미결 상태에 있다, 위기에 처해 있다

hangover
[행'오버]

1. 숙취 2.유물

hanky-panky
[행'키~팽'키]

문란한 성행위, 바람기, 사기

happenstance
[해'픈 스탠'스]

우연
예 by utter happenstance 전적으로 우연히

happy-go-lucky
[해'피 고 럭'키]

태평스러운

harbinger
[하'빈저]

(흔히 좋지 않은 일이 일어 날 것 같은) 조짐

hard-ass
[하드 애'스]

융통성 없는 사람

hardball tactic
[하'드 볼 택'틱]

강경 전략(= Arm-strong tactic)

hardnosed
[하'드 노스드]

1. 고집 센 2. 냉철한

hard-pressed
[하'드 프래'스드]

(돈, 시간에) 쪼들리는, ~하는 데 애를 먹는

hardwired
[하'드 와이어드]

내장된, 타고난
예 Human beings are hardwired to distrust unfamiliar things 인간은 익숙하지 않은 것들을 신뢰하지 않도록 내재되어 있다.

head to head
[헤'드 투 헤'드]

정면 승부

headstrong
[헤'드 스트롱]

고집불통

heady days
[헤'디 데'이스]
의기양양한 시절, 잘나가던 시절

heaven forbid
[해'븐~훠비'드]
천만에, 가당치도 않다

heavy-handed
[해'비 핸'디드]
손재주가 없는

hectic
[핵'틱]
정신이 없다

예 I was so hectic at that time 나는 그때 정말 정
신이 없었다.

hellbent
[핼'밴트]
열중한, 필사적인, 맹렬한 속도로 달리는, 무모한

henchman
[핸'치맨]
심복

high flying
[하이 후라'잉]
대단히 우수한, 크게 성공한, 하늘 높이 나는

high horse
[하'이 호스]
거만한, 오만한(태도)

예 he is on the high horse 그는 잘난 듯이 날뛴다
/ 그는 잘난 듯이 뽐낸다.

high time
[하이 타임]
마침 좋은 때

hit-and-miss
[힛 앤 미스]
되는 대로 하는, 멋대로

hither and thither
[히'터 앤 ~디'터]
여기저기에, 사방에

hocus-pocus
[호'커스~포'커스]
(진실을 호도하는) 말, 간교한 말장난

hodge-podge
[핫'즈~팟'지]
엉망진창, 뒤죽박죽

homey
[호'미]
편안한, 제집같이 아늑한

homestretch
[홈 스트래'취]
게임의 종반 단계, 후반

homily
[하'머리]
교훈, 설교

hooting
[훗~팅]
폭소를 터트리는 것, 콧방귀, 비웃음

hoppa
[하'파, 소문자 h]
반은 일본인이고 반은 백인의 혼혈아(일본인들이 만든 단어)

hot-button
[핫' 바튼]
결정적인, 중요한
예   hot-button issue 중대한 사안, 결정적인 문제

hot potatoes
[핫 포테'이토]
난감한 문제, 난감한 상황

humbug
[함'버그]
사기, 협잡, 사기꾼

huff and puff
[허 팬 펍]
(몹시 지쳐서) 헉헉거리다, 씩씩대다
예   John was huffing and puffing to keep up
     with Mike 존은 뒤로 쳐지지 않고 마이크를 따라
     가려고 헉헉거렸다.

hushed
[허'쉬드]
고요한, 조용한, 숨죽인

hush money
[허'쉬 머니]
입막음 돈

hustle and bustle
[허'슬 앤 버'슬]
도시의 번잡함, 혼잡

I

icing on the cake [아'이싱 온 더 케익]	금상첨화
illustrious [일러'스트리어스]	저명한, 걸출한 예 President Kennedy was an illustrious leader 　　케네디 대통령은 저명한 지도자였다.
I am in hot water [아이엠 인 핫' 워러]	나는 지금 곤경에 처했어(= I'm in trouble)
imposing [임포'우싱]	당당한, 인상적인, 눈을 끄는
impudent [임'퓨던트]	무례한, 버릇이 없는 예 She is very impudent 그녀는 버릇이 없어.
in all fairness [인 올' 풰어네스]	솔직히 말하자면, 공평하게 말하자면
incongruous [인칸'그루어스]	어울리지 않는
indifferent [인 디'풔런트]	무관심
industrious [인더'스트리어스]	근면한
in full swing [인 훌'스윙]	한창 진행 중인, 무르익은, 바야흐로
ingenuous [인 재'뉴어스]	순진한, 순박한
inquisitive [인 퀴'지피티브]	호기심이 많은
inquiring mind [인콰'이어링 마인드]	탐구심

innuendo
[이'뉴엔도]
빈정거림, 빗대어 하는 말

inordinate
[인 오'디넷]
과도한, 지나친
예 It was nothing but an inordinate demand
   그것은 단지 터무니없는 요구였을 뿐이다.

in the nick of time
[인'더 닉'오브 타임]
아슬아슬하게 때를 맞추어서

In the blink of an eye
[인'더 브링'크 오브 언 아이]
눈 깜짝할 사이에

insult to injury
[인살 투 인'저리]
설상가상으로

intemperate
[인 템'퍼럿]
무절제한, 폭음을 하는

invective
[인백'티브]
독설, 욕설

inwardly
[인'워드리]
마음속으로, 은밀히
예 what we achieve inwardly will change outer
   reality 우리가 마음속으로 결심한 것은 언젠가는
   현실로 나타난다.

irksome
[어'크 섬]
짜증나는, 귀찮은

ironclad
[아'이언 크래드]
변경할 수 없는, 이의를 제기할 수 없는

J

Jabber
[재'버]
지껄이다

Jargon [자~건]	횡설수설
Jazz up [재'즈 업]	(분위기를 좀 더) 신나게 만들다, 음악을 좀 더 현대적 으로 만들다
Jeer [지'어]	조롱하다, 야유하다 예 a jeering crowd 야유하는 관중
Jest [재'스트]	농담, 익살, 농담하다
Jibber-jabber [지버~재버]	무의미한 대화
Jittery [지'터리]	초조한, 조마조마한
Judicious [주디' 셔스]	신중한, 판단력이 정확한
Jump-start the economy [점프 스타'트 더 이코'너미]	경제를 활성화하다
Jump on the bandwagon [점프 온더 밴드 웨곤]	시류에 편승하다, 우세한 편에 붙다

K

knee-slapping laughter [니 스래'핑 래'프터]	박장대소
kibitz [키'빗]	말 참견하다, 훈수하다

killjoy
[킬'조이]

재미 삼아 남의 흥을 깨는 사람

kindred
[킨' 드래드]

일가친척

kinky
[킹'키]

성적으로 변태적인, 특이한

knock it off
[낙' 잇 오프]

그만해, 집어치워

L

lackey
[래'키]

하인, 종

laconic
[라 카'닉]

할 말만 하는, 말이 많지 않은

laid bare
[레'이드 배'어]

탄로가 나다, 발가벗은 모습을 보이다

lapdog
[랩'독]

(안고 다닐 수 있는) 작은 애완용 개

lasting
[래'스팅]

지속적인, 영속적인

M

make a face
[메이크 어 풰'이스]

얼굴을 찌푸리다

make-believe
[메'이크 비리'브]

가상
예 make-believe court 모의 법정

make over
[메'이크 오버]

변신

makeshift
[메'이크 쉬흐트]

임시변통의(= improvise)
예 a makeshift bathroom 임시 화장실

mangle
[맹'글]

심하게 훼손하다, 망치다

manly
[맨'리]

남자다운, 호감 가는

masterstroke
[매'스터 스트록]

(좋은 결과를 가져오는) 절묘한 행동

matchless
[매'치 레'스]

독보적인, 비할 데 없는

may fly
[메'이 후라이]

하루살이

mealy- mouthed
[미'리 마우스]

(자신의 생각을) 솔직히 말하지 않는
예 mealy-mouthed politicians
    자신의 생각을 솔직하게 말하지 않는 정치인들

measure for measure
[메'져 훠 메'져]

앙갚음

meddlesome
[매'들 섬]

간섭하기 좋아하는

melee
[메'일리]

아수라장

mercurial
[머 큐'리얼]

몹시 변덕스러운

milk of human kindness
[밀'크 오브 휴'먼 카인드니스]

인정이 너무 많은
예 Yet do I fear thy(your) nature; It is too full of
    the milk of human kindness.

그러나 나는 당신의 성품이 걱정됩니다. 당신은
인정이 너무 많아요.
- 셰익스피어의 『맥베스』 중에서

mimicry
[미'미크리]

흉내

mind-blowing
[마'인드 브로'잉]

너무나 신나는, 감동

mind-boggling
[마인드 바'그링]

도저히 이해할 수 없는, 너무나 놀라운

mindful
[마'인드 홀]

주의 깊은, 사려 깊은

mischance
[미스 챈'스]

불운

mischief
[미'스 칩]

불길한 일, (어린아이들의) 나쁜 장난

예 Similar mischief is a foot in our house
우리 집에 불길한 일이 곧 밀어닥칠 것 같다.

mischief-maker
[미'스칩 메'이커]

이간질하는 사람

missive
[미'시브]

(공식적인) 편지

mixed up in
[믹'스드 업 인]

~일에 휘말리다, 연루되다

예 He was mixed up in that sex scandal
그는 그 섹스 스캔들에 연루됐다.

moderation
[모더 레'이션]

절제, 온당함

modest living
[마'데스트 리빙]

검소한 삶

mojo
[모'~조]

마력, 매력

예 America has lost its economic mojo
미국은 경제의 마력을 상실했다.

mongrel
[몽'그럴]

잡종 개, 똥개(= mutt[멋'])

money talks
[머'니 토'크]

결국 돈이지 뭐

monotonous
[모너'터모스]

생활이 단조로운

moonshine
[문'솨인]

1. 터무니없는 말, 헛소리 2. 밀주

moody
[무~디]

기분 변화가 심한, 기분이 안 좋은, 서글픈 기분을
주는

more likely than not
[모어 라'이크리 댄 낫]

아마 십중팔구는

more often than not
[모'어 오'픈 댄 낫]

자주 흔히, 보통

motormouth
[모'더 마우스]

수다쟁이, 떠벌리는 사람

mouth piece
[마'우스 피스]

1. 대변자 2. 송화구(입을 대는 부분)

예   The BBC is the mouth piece of the government
비비씨 방송은 정부의 대변인이다.

mouth-watering
[마'우스 워터링]

군침이 돌게 하는

mud flats
[멋' 후랫]

갯벌

mull
[멀']

실수, 실패, 실수하다, 엉망으로 만들다

mumbo-jumbo
[멈'보~점'보]

허튼소리, 알아들을 수 없는 말

mumble
[멈'블]

중얼거리다

my way or the highway
[마이 웨이 오어 더 하이웨이]

내가 하자는 대로 하든지 아니면 그만두고

mutter
[머'터]

불평하다, 투덜대다, 중얼거리다

N

nerve-racking
[너'브 랙킹]

안절부절못하는

nicety
[나'이 씨티]

세부 사항, 아주 자세함

nitpicking
[닛' 피킹]

트집 잡기

neophyte
[니'어 화잇]

초보자

none of your business
[논' 오브 유어 비지니스]

상관하지 마
예 it's none of your business
네가 상관할 일이 아니다.

O

oddball
[아'드 볼]

괴짜(= eccentric[익샌'트릭])

offbeat	1. 색다른 2. 불규칙한
[오'프 빗]	예 He always make offbeat humor
	그는 언제나 색다른 유머를 말한다.

| **off-color joke** | 저속한 농담 |
| [오프 칼'라 조크] | |

| **off handed comment** | 즉석에서 하는 말(= improvised comment) |
| [오프 핸'디드 콤멘트] | |

| **off the cuff** | 즉흥적인(= improvised) |
| [오'프 더 캅] | |

| **olive branch** | 화해의 말, 화해의 행동 |
| [오'리브 브랜치] | |

| **okey-doke** | 좋아(= ok. okeydokey) * 친한 사이에 쓰는 말이다. |
| [오키 독'] | |

| **on a whim** | 즉흥적으로 |
| [온' 어 윔] | |

| **once in a blue moon** | 아주 가끔요 |
| [완'스 인 어 부르 문] | |

on a lark	재미 삼아, 충동적으로
[온' 어 락]	예 I just watched the movie on a lark
	나는 그 영화를 재미 삼아 보았다.
	/ lark은 명사로는 '종달새'를 뜻한다.

| **on cue** | 마침 때맞춰 |
| [온 큐'] | |

| **one-trick pony** | 잘하는 게 하나뿐인 사람, 인기 곡이 하나뿐인 가수 |
| [완' 트릭 포니] | |

| **open sesame** | 손쉽게 얻을 수 있는 길, 쉽게 이룰 수 있는 방법 |
| [오픈 세'사미] | |

other fish to fry
[아더 휘시 투 후라이]

더 중요한 일이 있다

예 I have to leave now because I have other fish to fry
나는 더 중요한 일이 있어서 지금 떠나야 해.

out of the blue
[아웃 오브 더 부르]

우연히, 갑자기

예 I met my old girlfriend on the street out of the blue
나는 과거의 여자 친구를 우연히 길거리에서 만났다.

outfitted
[아웃 휫티드]

갖추어져 있다

예 my den outfitted with a T.V.
내 서재에는 T.V.가 갖추어져 있다.

outwit
[아웃 윗]

선수치다

overarching
[오'버 아'~칭]

대단히 중요한

overcast
[오'버 캐스트]

흐린, 구름이 덮힌

over-egg
[오'버 애그]

과장하다, 부풀리다

overkill
[오'버 킬]

지나침, 과잉

예 a propaganda overkill(과잉 선전)

over my dead body!
[오'버 마이 대'드 바디]

내가 죽기 전에는 절대로 안 돼!

over the top
[오보 더 탑']

과장된, 지나친

P

pacesetter
[페'이스 세'더]

선두 주자

packed-out
[팩'드 아웃]

만원의

page-turner
[페'이지 터'너]

흥미진진한 책

painstakingly
[페인 스테이 킹'리]

힘든 노력 끝에

palatial
[퍼 레'이셜]

으리으리한, 호화로운

예 Michael lives in a palatial apartment
    마이클은 으리으리한 아파트에서 살고 있다.

palliative treatment
[패'리 에이티브 트리'트먼트]

죽음이 임박한 사람에게 몰핀 주사 같은 걸 놓아주
고 편안하게 해 주는 일시적인 처방 (= **comfort care**)

paltry
[폴'트리]

보잘것없는, 시시한, 쥐꼬리만 한

panting
[팬'팅]

숨 가쁜, 가슴이 두근거리는

예 with panting spirit 두근거리는 마음으로

parentage
[패'어랜 티지]

혈통

parlance
[파'런스]

말투, 어법

pass out
[패'스 아웃]

기절하다, 의식을 잃다

pasty
[패'스티]

창백한

pathema mathema
[파테마 마테마]

고통을 통해서 인생을 배운다는 뜻
(= **lessons through suffering**) * 라틴어임

pastime
[패'스 타'임]

취미(= **hobby**)

patrician
[패트리'션]

귀족의, 귀족적인(= **aristocratic**어리'스토 크래딕)

patsy
[팻'시]

잘 속는 사람(어수룩한 사람), 봉
예 Japan looks like an American patsy
일본은 마치 미국의 봉 같다.

pecking order
[패'킹 오더]

(집단에서의) 서열

peevish
[피'비쉬]

짜증을 잘 내는, 화를 잘 내는

pent-up
[팬'탑]

억눌린, 답답한
예 I was too pent-up to speak
나는 너무 답답해서 말이 안 나왔다.

pep talk
[팹'톡]

격려(응원), 연설

peppered
[페'퍼드]

빗발치는 질문을 받다
예 The speaker was peppered with awkward
questions
연사는 빗발치듯 퍼붓는 난처한 질문들을 받았다.

perky
[퍼'키]

괴팍한
예 He is a perky guy 그는 괴팍한 사람이다.

persona non grata
[퍼소나 난 그라'다]

환영받지 못하는 사람 * 영어화된 라틴어

philanderer
[피 랜'더러]

바람둥이

photogenic
[포'토 재'닉]

사진이 잘 받는

picturesque town
[픽춰 래'스큐 타운]

고풍스로운 소도시

pipe dream
[파'이프 드림]

몽상(= reverie)

pish tosh
[피'쉬 토'쉬]

허튼소리, 웃기는 소리
* bullshit[불'쉿]보다 점잖은 말

plain vanilla
[프레인 바닐'라]

꾸밈 없는, 소박한

planets apart
[프래'냇스 어파'트]

하늘과 땅 차이
예 They are temperamentally planets apart
   두 사람의 기질은 하늘과 땅 차이이다.

play hardball
[플레'이 하'드 볼]

~에 대해서 강경한 자세를 취하다

play hooky
[프레이 후'키]

수업을 땡땡이치다

playfully
[플레'이 훌리]

농담조로

pidgin
[피'진]

혼성어(토착어와 다른 외래어를 섞어서 만든 단어)

pit bull
[핏' 벌]

매우 공격적이고 무자비한 사람

polyglot
[파'리 그랏]

수개 국어에 능통한

polymath
[포'리 매'스]

박식가, 박식한 사람

pontificate
[폰 티'피케이트]

아는 척하며 거들먹거리다

pooh-poohed
[푸-푸~드]

콧방귀를 뀌다

예 I told my wife about it, but she just pooh-poohed
나는 아내에게 그 얘길 했는데, 그냥 콧방귀만 뀌었다..

posh
[파'쉬]

우아한, 화려한, 상류층의

pounced on the obvious
[파'운스드 온디 아'비어스]

알면서도 한 번 찔러 보다

prank
[프랭'크]

말장난

premonition
[프리 모니'션]

(불길한)예감

presumptuous
[프리 삼'튜어스]

주제넘는, 건방진

pretentious
[프리 탠'셔스]

허세를 부리는, 가식적인, 자부하는, 뽐내는

prevaricate
[프리 배'리케이트]

얼버무리다

prick up ears
[프릭 업' 이어스]

귀를 쫑끗 세우다

private person
[프라'이빗 퍼슨]

1. 조용한 사람 2. 사인(공직에 있는 사람이 아닌)

prodigal son
[프러'디걸 선]

탕아(누가복음 15:11-32)

profane
[프로 훼'인]

신성모독의, 불경한

propitiate [프러 피'시에이트]	달래다
provenance [프러'브 넌스]	출처, 유래
proviso [프러 바'이소]	단서, 조건
puffy-faced [파'휘 훼'이스드]	부은 얼굴
pun [펀']	말장난
punch line [펀'치 라인]	급소를 찌르는 말
Punic war [퓨'닉 워]	로마와 카르타고 간에 벌어졌던 "포에니 전쟁" * 앞부분은 대문자로 표기한다.
purblind [퍼'브란인드]	반소경의, 시력이 흐린
purr [퍼~르]	고양이가 가르랑거리다 * '퍼르'를 아주 약하게 발음한다.
pushback [푸'쉬 백]	계획, 정책 등에 대한 반발
push back [푸'시 백]	1. 밀치다, 미루다 2. 마감 시간을 연장하다 예 They pushed back the deadline 그들은 마감 시간을 연장했다.
pushover [푸'시 오버]	식은 죽 먹기, 아주 쉬운 일(= **no brainer**)

Q

quack
[쿠웩']

1. 돌팔이 의사 2. (오리가) 꽥꽥 우는

quaint
[퀘'인트]

진기한

예 Savannah is a quaint port
사바나는 진기한 항구이다.

queasy
[퀴'~지]

구역질 나는

quibble
[퀴'블]

옥신각신하다

quicksand
[퀵'샌드]

헤어나기 힘든 상황

queue-jumping
[큐~점핑]

새치기

quickening
[퀴'크닝]

태동(임신 5개월 되면 아기가 모태 안에서 움직이는 것)

quisling
[퀴'즈링]

매국노

R

rabble-rouser
[래'블 라우서]

대중 선동가

racket
[래'킷]

1. 부정직한 돈벌이 2. 소음, 시끄러움

rags-to-riches
[랙'스 투 리'취스]

무일푼에서 거부가 된

rambling
[램'브링]

횡설수설하는, 장황하고 두서없는

rapid-fire
[래'피드 화이어]

속사포 같은, 잇따라 쏘아 대는

rapt
[래'프트]

넋이 빠진, 완전히 몰입

rarefied
[래'어 화이드]

극히 일부 사람만 이해하는, 보통 사람과 동떨어진

raring
[래'어링]

~하고 싶어 근질거리다

ravine
[러 빈']

협곡, 산골짜기

red-meat
[래'드 밋]

격렬한
예 a red-meat speech 격렬한 연설

recount
[리 카'운트]

경험한 것에 대해서 이야기하다

red herring
[래'드 허링]

관심을 딴 데로 돌리는

refuse to buckle
[리퓨'스 투 버클]

~에 굽히지 않는

reigning
[레'이닝]

군림하는, 세도를 부리는
예 There was a silence reigning in the large hall
    그 큰 홀은 물을 끼얹은 듯 조용했다.

repulsive
[리 펄'시브]

역겨운, 혐오스러운

restless
[래'스트 리스]

차분하지 못함, 쉼 없음
예 Michael's 7 year old son is restless.
    마이클의 일곱 살짜리 아들은 차분하지가 못하다.

reserved person
[리저'브드 퍼슨]

내성적인 사람, 말을 잘 안 하는 사람

retching
[래'칭]

구역질, 욕지기 나는 것

retrograde
[레'트로 그레이드]

시대에 역행하는

예 Pulling out of the Paris climate summit of the U.S. government was a retrograde step. 미국정부가 파리 환경 정상회담에서 탈퇴한 것은 시대에 역행하는 조치이다.

ride out
[롸'이드 아웃]

이겨 내다, 참고 견디다

riffraff
[리'프 래'프]

1. 하층민, 천민 2. 쓰레기

rightfully so
[롸'잇 후리 쏘]

당연한 조치이다

roadkill
[로'드킬]

도로에서 자동차에 치어 죽임, 자동차에 치여 죽은 동물

roll-away bed
[롤~어웨이 배드]

간이 침대

rote
[로'우트]

암기

예 The educational systems in Korea are based on the rote 대한민국의 교육제도는 암기 위주이다.

rough and ready
[롸'우프 앤 래디]

임시변통의, 급조한, 거친

rough and tumble
[롸'프 앤 텀'블]

난투, 소란

routinize
[루'티 나이즈]

천편일률화하다

rubbish
[라'비]

잠꼬대, 허튼소리

ruckus	야단법석, 소동
[라'커스]	

runaround	핑계, 발뺌, 속임수
[런'어라운드]	

run-in	언쟁, 싸움
[런'인]	

rule of thumb	어림법, 경험에서 얻은 지혜
[루울 오브 텀]	

run out	1. (재고나 공급품이) 떨어지다, 물건이 다 팔리다
[런' 아웃]	2. 유효기간이 지나다

rusticate	고향으로 내려가다, 시골에서 은퇴하다
[러'스티 케이트]	

S

sacrament	성체 성사, 성례
[쌔'크러 먼트]	

salient	두드러진, 핵심적인, 현저한
[세이'리언트]	

sanctimonious	위선적인, 고상한 척하는
[생티 모'니어스]	

sardonic	냉소적인, 조소하는
[사 도'닉]	

saver-rattling	꽁무니를 빼는
[쎄'이버 래'들링]	

savvy	요령 있는
[새~비]	

scarecrow
[스케'어 크로]
허수아비

scatter brain
[스캐'터 브레인]
정신이 산만한 사람, 덜렁이

scattershot
[스캐'터 샷]
마구잡이의, 제멋대로 하는

schemer
[스키'머]
모사꾼, 책략가

schmoozer
[슈 무'저]
한담가, 수다쟁이

scorched-earth tactic
[스코'치드 어스 택'틱]
초토화 전술

scot-free
[스캇'후리]
처벌을 모면한, 완전히 자유롭게
예 He got away with his crime scot- free
그는 무죄 방면되었다.

scowl
[스카'우얼]
노려보다, 쏘아봄

scuffle
[스커'플]
실랑이, 옥신각신(= spat[스팻'])

scrooge
[스크 루'즈]
구두쇠, 수전노

second self
[쌔'컨 샐프]
허물없는 아주 친한 친구

sedate
[씨 데'이트]
조용한, 진중한

self-absorbed
[셀'프 옵 서브드]
자신에게만 몰두하는

self-assured
[셀'프 어슈'어드]
자신감이 있는

self- composed
[셀'프 컴 포우스드]
침착한

self-effacing
[셀'프 이훼'이싱]
자기를 내세우지 않는(= modest)

self-deprecating
[셀'프 대'프리 케이팅]
자기 비하적인

self- help
[셀'프 핼'프]
자조, 자립
예 90% of human sufferings are self -help
인간의 고통은90% 모두 자신이 만든 것이라고 한다.

self -made jerk
[셀'프 메이드 적]
자수성가한 사람

self-possession
[샐'프 포잿'션]
침착, 냉정

self-professed
[셀'프 프러훼'스드]
자칭
예 The young self-professed artist is a standing
member of the Metropolitan museum.
그 젊은 자칭 예술가는메트로폴리탄 뮤지엄의 상
임 위원이다.

self-serving
[샐'프 서~빙]
자기 잇속만 차리는

sellout
[샐'아웃]
배신, 변절, 매각, 매절

sendoff party
[샌 오'프]
송별파티

serendipity
[세렌 디'피티]
뜻밖의 재미, 뜻밖의 만남

serviceable
[서'비서블]

쓸 만한

servile
[서'벌]

굽신거리는

settle
[새'들]

안주하다
예 Don't settle for mediocrity[미이어'크리디]
적당히 안주하지 마.

7 year itch
[세'븐 이어 이'취]

권태기
예 Honey, I think I have the 7 year itch
여보, 나 권태기인가 봐.

sham
[쉠]

가짜, 엉터리, 사기꾼, 가식

shattered
[쉐' 터드]

엄청난 충격을 받은

shenanigan
[쉬 내'니건]

허튼소리, 장난, 속임수

shoo
[슈~]

쉬~라고 쫓다, 저리 가라고 하다

shoot and scoot
[슛' 앤 수쿳]

치고 빠지는
예 shoot and scoot strategy 치고 빠지는 전략

short-tempered
[숏 템'퍼드]

성마른, 성급한

sibling
[씨'블링]

형제자매

size up
[사'이즈 업]

평가하다

silver bullet
[실'버 블'렛]

특효약, 묘책

simpleton
[씸'플톤]

얼간이, 쑥맥

single-minded
[씽글 마'인디드]

외곬의

single out
[씽'글 아웃]

선발하다, 선정하다

skewed
[스큐'드]

왜곡된, 편향된, 비스듬한

skittish
[스키'티쉬]

1. 겁 많은, 잘 놀라는 2. 변덕스러운

sleepy-head
[스리'피 해드]

잠꾸러기

sleight
[스라'이트]

책략, 술수

sleight-of-hand
[스라'이트 오브 핸드]

날쌘 손재주, 교묘한 속임수

slick
[스릭]

번지르르한, 구변 좋은

slope off
[스로'프 오프]

살짝 빠져나가다, 달아나 버리다

예 Though I was slopping off very often during the English class to write stories, I always got A.
나는 가끔 생각나는 이야기를 쓰기 위해 영문학 강의실을 살짝 빠져나오곤 했었지만, 늘 A 학점을 받았다.

slutty
[스러'디]

난잡한

smart
[스마'트]

1. 이가 시리다 2. 똑똑한

smatter
[스매'러]

(학문이나 글을) 겉핥다, 피상적으로 알다

smear
[스미'어]

1. 중상모략 2. 얼룩 자국

예 a smear campaign 중상모략 선거운동

smirk
[스먹']

히죽히죽 능글맞게 웃다

smitten
[스미'든]

홀딱 반한, (감정, 질병 등으로) 엄습당한

snag
[스낵']

작은 문제, 예상치 못했던 장애

예 I hit a snag 나는 장애에 봉착했다.

snap back
[스냅'백]

1. 말대꾸하다 2. (용수철 따위가) 튀어나오다

예 Do not snap back 말대꾸하지 마.
     Let the handle snap back
     손잡이가 제자리로 돌아오게 하세요.

sneeze
[스니'즈]

1. 재채기 2. 얕보다

예 He is not to be sneezed 그는 얕볼 사람이 아니다.

snide
[스나'이드]

헐뜯는

snigger
[스 니'거]

낄낄대며 웃다

snob
[스납']

고상한 체하는 사람, 잘난 체하는 사람

예 She is such a snob 그녀는 정말 고상한 체해!
     snobbery(스나'버리) 속물근성

snort
[스노'~트]

코웃음 치다, 콧방귀를 뀌다

Socrates
[사'크러티즈,대문자 S]

(그리스의 철학자) 소크라테스

softheaded
[소'프트 헤디드]

저능한, 멍청한, 비현실적인

something fishy
[섬팅 휘'싱]

뭔가 이상한데

sought -after
[소'트 애프터]

인기 있는, 수요가 많은

sparingly
[스패'어 링리]

절약하여, 아껴서

예 sparingly illustrated 절제해서 잘 설명한

spacefaring
[스페'이스 풰'어링]

우주여행, 우주여행의 * 신조어

sparring
[스파'링]

말다툼, 논쟁

specious
[스피'셔스]

허울 좋은, 그럴듯한

spendthrift
[스팬'드 드리프트]

돈을 물 쓰듯이 낭비하는 사람 ***spend**와 절약 (**thrift**)이 결합해서 낭비가로 탈바꿈한 단어이다.

split second
[스프릿' 쌔컨]

아주 짧은 순간, 눈 깜짝할 사이에

spooky
[스 푸'키]

귀신이 나올 것 같은

stagecraft
[스테'이지크래'프트]

연출기법

stalwart
[스톨'워트]

충실한 일꾼, 충실한(= **faithful**)

stamp out
[스탬'프 아웃]

1. 근절하다 2. 발로 밟아서 불을 끄다

stand-in
[스탠'드인]

대역, 대리인

stand-out
[스탠드 아'웃]

두드러진 사람, 걸출한 인물

예 Michele Wie was a stand-out player in the LPGA 미셸 위는 LPGA 에서 두드러진 선수였다.

stand up for
[스탠' 드 업 휘]

~를 지지하다

예 I normally stand up for my father 나는 통상 아버지를 지지한다.

starstruck
[스타' 스트럭]

인기 스타에 완전 반한

state of the art
[스테'이트 오브 더 아트]

최첨단의, 최신식의

예 Our office system is state of the art 우리 사무실 시스템은 최첨단이다.

steady hand
[스태'디 핸드]

단호한 명령

stereoscopic
[스태'리오 스코'픽]

사물을 입체적으로 보는

stifling
[스타'이 프링]

숨 막힐 듯한, 딱딱하고 거북한

stint
[스틴'트]

1. 일정 동안의 일(활동), 2. 아끼다

예 during that seven- year stint 7년 동안

stone-faced
[스톤'훼'이스드]

무표정한

storied
[스토'리드]

유명한, 잘 알려진

stupefied
[스투'피 화이드]

얼이 빠진

예 She was stupefied with cold 그는 추위로 멍했다.

stupor
[스투'퍼]

인사불성

stutter
[스타'더]

말을 더듬다, 말더듬

sty
[스타'이]

눈 다래끼

subliminal
[섭 리'미널]

알지 못하는 사이에 영향을 미치는

sucker
[사'커]

잘 속는 사람, ~에 사족을 못 쓰는 사람

sublime
[섭 라'임]

숭고한, 절묘한

summary court
[섬'머리 코트]

즉결 재판소

sunup
[선'압]

동틀 녘

superficial
[슈퍼 휘'셜]

얄팍한, 피상적인
예 He is so superficial
    그는 아주 얄팍한 성격의 소유자이다.

super-charged
[슈'퍼 촤'지드]

더 강력한, 더욱 효과적인

sure enough
[슈'어 이나프]

아니나 다를까, 과연

swinish
[스 와'이니쉬]

돼지 같은, 더러운

sycophant
[사'이커'훤트]

아첨쟁이

sync
[씽'크]

두 개의 다른 존재가 잘 들어맞는, 잘 조화되는
* **synchronize**[싱'크로나이즈]의 약자

T

tacky
[태'키]

촌스러운

tag along
[택어롱']

~을 따라다니다

tailwind
[테'일 윈드]

내가 가는 방향으로 부는 바람, 순풍
* 반대말: **head wind**[헤'드 윈'드]

taken aback
[테'이큰 어백']

깜짝 놀란, 깜짝 놀라다

take it for granted
[테'이크 잇 훠 그랜'티드]

당연한 것으로 여기다

tall order
[톨' 오더]

하기 힘든 일, 무리한 요구

tantamount
[탠'터 마운트]

~와 마찬가지의, ~에 해당하는

tantrum
[탠'트럼]

짜증을 냄, 성질을 부림
예 temper tantrum 성질을 부리다

taper off
[테'이퍼 오프]

점점 줄어들다
예 The rain is tapering off 비가 잦아들고 있다.

taxing
[택'싱]

아주 힘든, 고된
예 Seaman is a taxing job
배의 승무원은 아주 고된 일이다.

tease
[티'스]

1. 놀리다, 못살게 굴다 2. 남을 놀리기 좋아하는 사람

teeming
[티'밍]

바글바글대는
예 We entered in the teeming bazaar
우리는 바글바글대는 바자 시장에 들어갔다.

temperance
[템'퍼러스]

절제

terrible in the sack
[태'러블 인더 쌕]

곤드레만드레 취하여

the biter bit
[더 바'이더 빗]
사람을 속이려다 도리어 속다

three-letters man
[쓰리' 래더 맨]
여자 같은 남자

tic
[틱']
경련

ticklish
[티'크리쉬]
간지럼을 잘 타는

tidy up
[타'이디 업]
깨끗하게 정리하다

time-honored
[타임 오'너드]
예로부터, 유서 깊은

timeworn
[타'임 원]
풍파에 시달린

tipping point
[티'핑 포인트]
아주 위험한 상태, 전환점

tit-for-tat
[팃 훠 탯]
치고 받기, 맞대응, 앙갚음

tip-off
[팁'오프]
제보

to make matter worse
[투 메이크 매터 워~어스]
설상가상으로

toffee nosed
[타'피 노스드]
콧대가 높은

topsy-turvy
[탑'시터비]
온통 뒤죽박죽의

touchstone
[타'치 스톤]
시금석, 기준

townspeople
[타'운스피'플]
도시인

trailblazer
[트레일 브레'이저]
선구자, 개척자

train wreck
[트레인 랙']
엉망진창, 만신창이

trickster
[트릭'스터]
사기꾼, 협잡꾼

trumped- up
[트럼'프드 업]
날조된

tugged aside
[턱'드어사'이드]
당기다
예 I tugged aside the curtain
　　나는 커튼을 한쪽으로 당겼다.

tug of war
[턱' 오브 워]
줄다리기, 주도권 싸움

turn a blind eye
[터'어 브라인드 아이]
모르는 척하다

turn-about
[턴 어바우트]
교대로

twinge
[트윈'지]
쑤시다, 짜릿한 통증

U

underbelly
[언'더 밸리]
가장 취약한 부분

예 The trade deficit remains the soft underbelly of the US economy. 무역 적자는 여전히 미국 경제에서 가장 취약한 부분이다.

underling
[언'더 링]

부하, 아랫사람

undertaker
[언'더 테이커]

장의사

undertaking
[언더 테'이킹]

1. 동의 2. 약속 3. 힘든 일 4. 장의사업

undertone
[언'더 톤]

숨은 뜻

undisturbed
[언 디스 터'브드]

누구의 방해도 받지 않는, 누구도 건드리지 않는

unfounded
[언 화'운디드]

근거 없는, 사실무근의

ungrateful
[언 그레'이트 훌]

고마워할 줄 모르는

unhandy
[언 핸'디]

손재주가 없는, 서투른

unhinged
[언 힌'지드]

불안정한, 혼란한

unkempt
[언 캠'프트]

헝클어진, 단정치 못한

unpretentious
[언 프리 탠'셔스]

겸손한, 젠체하지 않는

unsettle
[언 새'틀]

불안하게하다, 동요시키다

unsmiling
[언 스마'일링]

쌀쌀맞아 보이는

unsparing
[언 스패'어링]

인정사정없는, 가차 없는

unvarnished
[언 바'니쉬드]

꾸밈이 없는

unwittingly
[언 위'팅리]

자기도 모르는 사이에

up-and-coming
[업'앤 카밍]

전도가 유망한, 떠오르는

upper crust
[압'퍼 크러스트]

상류사회, 상류층

uptick
[압'틱]

약간의 증가

uptight
[업 타'이트]

긴장한, 초조해하는

V

venal
[비 널]

돈으로 좌우되는, 매수되는

verbiage
[버'비에지]

장황함
예 His style is characterized by verbiage
　　장황한 것이 그 사람의 특색이다.

veritable
[베'리터블]

진정한, 참된

vertigo
[버'디고]

어지러움, 현기증

vicissitude
[비 씨'시튜드]

우여곡절
예 I fell into a reflection on the vicissitude of all

human things 나는 인간이라는 존재의 우여곡
절에 대해서 깊은 생각에 빠졌다.

W

wag
[웩']

익살꾸러기, 까불이

wanderlust
[원'더 러스트]

방랑벽

wash up
[워'시 업]

설거지하다, 세수를 하다

washed-up
[워'셥]

완전히 깨끗해진, 잘 빨아진

waste not, want not
[웨'이스트 낫, 원' 낫]

낭비하지 않으면, 아쉬울 것이 없을 것이다

wayward
[웨'이 워'드]

정도에서 벗어난

wee hours
[위'아워 스]

꼭두새벽(0시부터 3시까지)

well-meaning
[웰' 미닝]

선의의, 사람이 좋은

well-rounded
[웰'라운디드]

균형 잡힌, 다재다능의
예 He is a well-rounded politician
그는 한쪽으로 치우치지 않고 균형 잡힌 정치인이다.

well-turned-out
[웰' 턴드 아웃]

잘 차려입은

whammy
[웨'미]

재수없는 일, 저주, 타격
예 double whammy 이중고

wheeler-dealer
[윌'러 딜'러]
수완가

where is the beef
[웨'어 이스 더 비프]
문제가 뭐요?
예　My friend, where is the beef 친구여, 문제가 뭐요?

whipping boy
[휘핑' 보이]
남 대신 벌이나 비난을 받는 사람, 희생양

whisker
[위'스커]
수염, 구레나룻

wholesome
[홀'섬]
건강에 좋은, 유익한
예　wholesome food 건강에 좋은 음식

wild card
[와'일드 카드]
자유패, 만능패

wild goose chase
[와'일드 구스 췌이스]
헛된 시도, 부질없는 추구

willy-nilly
[윌'리 닐'리]
좋든 싫든 닥치는 대로

wimp
[윔'프]
겁쟁이

wingnut
[윙'넛]
(신조어로) 극좌(우)로 치우친 성향을 가진 사람

wish-wash
[위'쉬 워'쉬]
김빠진 이야기, 시시한 이야기

with all due respect
[위드 올'듀 리스팩'트]
죄송한 말이지만

workmanlike
[워'크맨 라이크]
장인의 솜씨
예　This house was built on a workmanlike finish
이 집은 장인의 솜씨로 지은 집이다.

womanizer
[워'머 나이저]

오입쟁이

wooing
[우'잉]

구애하는

wrenching
[뢘'칭]

비통한, 고통스러운

wry
[롸'이]

(짜증스러우면서도 재미있는 표정으로) 비꼬는, 조롱하는

Y

yeoman
[요'맨]

자작농

yokel
[요'컬]

촌놈, 무지렁이

**you are in for a
treat**
[유아 인' 휘어 트릿]

너는 멋진 경험을 할 거야

예 Oh my friend, you are in for a treat.
    친구야, 너는 멋진 경험을 할 거야.

Z

zero in
[제'로 인]

~에 집중하다, 몰두하다, 조준하다

zany
[재'니]

엉뚱한, 괴짜 같은

To Those who do not know mathematics it is difficult to get across a real feeling as to the beauty, the deepest beauty, of nature …. If you want to learn about nature, to appreciate nature, it is necessary to understand the language that she speaks in.

수학을 모르는 사람들에게는 자연의 아름다움, 진정으로 오묘한 아름다움의 감정을 느끼는 것이 힘들 것이다…. 만일 당신이 자연의 세계를 알고 자연의 아름다움에 경의를 표현하고자 한다면 그들만이 쓰는 말을 이해할 수 있어야 한다.

- 리처드 파인만 Richard P. Feynman (미국의 물리학자)

Chapter 3

전 세계 지성인들에게 읽히는
『도덕경TAO TE CHING』
영문판 번역본

동양 최고의 고전을 영어로 쉽게 읽을 수 있는 책
『도덕경道德經(Tao Te Ching)』 한글, 영문판 번역

Chapter 3

전 세계 지성인들에게 읽히는 『도덕경 TAO TE CHING』영문판 번역본

마음의 신성함이 곧 지혜이며 그때에 경전, 선생, 사원과 같은 것은 모두 사라져 버린다.

– 랄프 왈도 에머슨 Ralph Waldo Emerson(미국 사상가 겸 시인)

『도덕경』은 전 인류가 본받아야 할 소중한 잠언(箴言)으로, 동양을 대표하는 경전을 영어로 소개한다는 사실은 참으로 뜻깊다. 내가 『도덕경』영문판 번역을 시도한 것은 『도덕경』의 간결성(brevity) 때문이다. 영어를 배우는 지름길은 긴 문장을 아주 짧게 축약해서 의사전달을 하는 것인데 『도덕경』은 정말 놀라우리만큼 외연이 없는 진리의 핵심을 정리해 놓아 영어를 공부하는 데 엄청난 이점이 있기 때문이다. 저자도 『도덕경』을 매일 한 번씩 독경한다.

인간의 탐욕스러운 본성은 아무리 많은 세월이 흘러도 변치 않는 듯하다. 노자(老子)(중국의 사상가, 도가학파 창시자)의 『도덕경』의 핵심을 한마

디로 정의한다면 금욕(禁慾)이라고 할 수 있다. 동양인으로서 만일 서양인들에게 한 권의 책을 추천한다면 나는 주저 없이 노자의 『도덕경』을 권할 것이다. 그만큼 『도덕경』은 서양의 어떤 사변적인 철학서보다도 인간 내면의 아름다운 심성을 발현할 것을 은유와 상징으로 간략하고 의미심장하게 피력한 심성 철학서이다.

『도덕경』에는 인간의 삶 전체를 꿰뚫는 심오한 지침이 담겨 있다.

서양 철학의 종착점인 비트겐슈타인Ludwig Josef Johann Wittgenstein 은 『논리철학논고』에서 "서양의 철학적 문제는 플라톤 이후 줄곧 언어가 왜곡되어서 만들어진 가짜 문제들pseudo problems이며 형이상학은 거창한 말 같지만 단지 말장난에 불과하다."라고 서양 철학을 폄하했다. 서양철학은 너무 사변론적인 데 반해 노자 『도덕경』의 매력은 인간의 마음을 바로 꿰뚫어보는 직지인심(直指人心)에 있다.

또한 유교에서는 전통적으로 남존여비 사상을 중요시하는 가부장적 질서를 근간으로 하는 수직적인 사회를 천명했다면, 노자는 역설적으로 여성 중심 사회와 수평적인 평등 사회를 천명했고 마치 수천수만의 산줄기에서 흘러내리는 물이 가장 낮은 계곡으로 모여서 강으로 바다로 흘러가듯이 여성의 수용성과 생산성을 인간이 추구해야 할 최고의 가치로 설정했다는 것이 탐욕으로 가득 찬 21세기를 사는 우리에게 주는 가장 핵심적인 가르침이라고 생각된다.

2020년 1월 세계화의 바람을 타고 중국의 우한에서 발생한 covid-19 바이러스가 불과 수개월 만에 전 세계인들을 공포의 도가니로 몰아넣고 1년이 지난 지금 수백만 명의 고귀한 목숨을 앗아갔으며 거의1억 7천만 명 이상이 병상에 누워서 마치 생지옥과 같은 고통을 감수해야만 했다.

자본주의를 앞장세워 인류가 추구해 온 끝없는 소비의 확장으로 인한 무자비한 자연환경 파괴와 그 여파로 생태계를 잃은 동물들이 가진 바이러스가 인간을 공격하는 양태로 나타나고 있는 것이다.

그래서 테슬라Tesla자동차 회사의 CEO 일론 머스크(Elon Musk)는 인류가 살아남기 위한 유일한 길은 화성을 개척하는 것뿐이라고 암울한 인류의 앞날을 점치고 아마존Amazon.com의 CEO 제프 베이조브(Jeff Bezos)와 함께 2030년까지 화성에 인류의 정착촌 개발에 전력투구하고 있다. 인류는 이제 앞만 보고 달려가던 주행을 잠시 멈추고 자연으로 돌아가자는 노자의 무위자연(無爲自然)에 귀를 기울일 때가 아닌가 한다.

노자는 춘추전국시대의 사상가로 주나라의 수장실 사관(史官)이었다. 지금으로 말하면 국립 도서관장이라고 할 수 있는데, 망해 가는 주(周)나라를 떠나 진(秦)나라로 가던 중 함곡관이란 곳에 도착했을 때의 일이다. 관소의 감독관이었던 윤희(尹喜)가 노자임을 알아보고 세상을 등지고 떠나는 노자에게 가르침을 남겨 줄 것을 부탁하자 밤새 5,000자의 글을 남겨 놓고 다음 날 서쪽으로 떠났다고 하는데 그 이후의 행적에 대해서는 알려진 바가 없다. 『도덕경』을 읽을 때 노자라는 철학자가 현실 정치에 회의를 느끼고 어디론가 떠나가는 상황을 연상해 보면서 읽으면 좀 더 쉽게 이해할 수 있다.

기본적으로 노자는 『도덕경』에서 위성지학(爲聖之學)(지도자가 성인이 되는 가르침)을 목표로 하고 백성들 또한 성인이 되라고 선도하고 있다. 영국의 역사학자인 에드워드 카(E.H. Carr)는 역사는 과거와 현재의 끊임없는 대화 라고 했는데 저자는 한 발짝 더 나아가 역사는 과거와 현재 그리고 미래와의 끊임없는 대화라고 믿고 싶다.

『도덕경』은 총 81장으로 1장부터 37장까지는 도경(道經)이고, 38장부터 81장까지는 덕경(德經)으로 노자는 이 책을 통해서 혼란했던 춘추시대를 어떻게 종결짓고 태평성대를 이룰 수 있는지에 대해서 천착했다고 할 수 있다.

『도덕경』은 「백서본」(기원전 250-200년경 집필한 것으로 추정)과 「왕필본」(그의 나이 16세 때인 기원후 226-249년경에 집필한 것으로 추정)이 있는데 저자는 두 번역본을 현대적인 시각에 맞게 번역하였다. 저자도 20년 전부터 각기 다른 많은 『도덕경』 번역판을 읽고 해석을 해 보았으나 명쾌한 해석을 할 수가 없었다. 그런데 몇 년 전 우연히 친구 집에서 이명재 선생님의 책 『이 책을 읽고 도덕경을 논하라』를 접하게 되면서 한자 해석의 큰 전환점을 맞이하게 되었으며, 본 저자도 이명재 선생님의 판본을 참고하였다. 『도덕경』을 읽을 때 다음의 사항을 필히 알고 있어야 한다.

우리 한글은 72%에서 73% 정도가 한자에서 유래했다고 한다. 그리고 우리가 쓰는 말 중에 명사(신문, 건강, 안전, 여행 등)는 90%가 한자에서 유래했으니 한자를 모르고서는 우리나라 말의 참뜻을 이해할 수 없다. 왜냐하면 한자는 우리 동이족이 만든 문자이기 때문이다. 몇 년 전 서울의 어느 명문대학 교수가 우리나라 역사를 상고사부터 정리해서 책을 펴냈는데, 어느 방송에 나와서 한자(漢字)는 우리가 만든 말이 아니기 때문에 믿을 것이 못 된다고 말하는 걸 보고 너무 놀랐던 기억이 있다.

멀리 상고사 시대로 올라가면 한자는 산스크리트어(실담어)에서 유래했다는 단서가 발견되는데, 지금으로부터 대략 4천 2백 년 전 하 나라(기원전 2070년경 중국 땅에서 창건된 나라)의 동이족이 중 천축국中 天竺國(지금의 감숙성 돈황)에서 산스크리트어의 알파벳 50자 중 36자를 채택해서

한자를 만들었다고 송나라의 정초(鄭樵)가 쓴『통지(通志)』의「육서략」과
「칠음서」에 기록되어 있다. 이를 근거로 배달국 시절 신지혁덕에 의해서
녹도문자를 만들었으며 세종대왕의 한글 창제도 이를 근거로 세종대왕
이 신미대사 그리고 수양대군, 양평대군과 함께 만들었다. 우리는 자신
의 소중한 문화유산을 너무 경시하는 경향이 있는 것 같다.

저자가 10여 년 동안 산스크리트어를 연구해 본 결과, 과연 그게 사
실임을 확인하였다. 그래서 한자와 한글의 발음과 뜻은 유사한 것이다.
한자의4 성 원리(평상거입平上去入)역시 중 천축국에서 창안된 음운 원리
이다. 또한 당나라의 지광선사(智廣禪師)가 쓴『실담자기(悉曇字記)』(실담이
란 구름이 하늘과 닿는 높은 산이라 는 뜻)에도 그렇게 기록되어 있다. 중 천축국
은 당시 동서문명의 중심지였다고 하는데 동이족은 오래전 그곳에서 살
았으며 결국 거기에서 만들어진 산스크리트어는 세계 언어의 뿌리라고
할 수 있다.

인도의 세계적인 요기(yogi)이며 신비주의자인 삿구루(Sadhguru)
역시 이 사실에 동의한다. 1985년에 나사(NASA)의 컴퓨터 과학자
(computer scientist)인 릭 브릭스(Rick Briggs)는 인공지능 잡지(Artificial
Intelligence magazine)에 실린 논문에서 산스크리트어에 관한 논문을 발
표했는데, 그는 옛날 산스크리트어 문법학자들이 만든 언어 분석 방법
이 인공지능을 개발하는 과학자들이 개발한 최첨단 기술과 유사하다고
발표했다. 산스크리트어가 그만큼 정밀하다는 뜻이다.

참고로 하버드대학의 해리 와이드너 도서관(Harry Widener Library)
건물 4층에는 산스크리트어 교실이 있는데 매주 산스크리트어와 인도
그리고 티베트어를 연구하는 대학 교수들과 대학원 학생들이 모여서 산

스크리트어를 연구한다. 왜 그럴까? 아마도 언어의 정수를 모두 갖추고 있기 때문일 것이다. 1784년 영국의 언어학자요 세계 17개 국어에 통달했던 인도의 벵골 지방 판사였던 윌리엄 존스(William Jones)는 현지에서 벵골 아시아 학회(Asian Society of Bengal)를 창설했는데, 거기에서 다음과 같은 말을 남겼다.

"산스크리트어는 인도-유럽언어의 뿌리인데(Sanskrit Language cognate Indo-European language), 그리스어보다 더 정밀하며 라틴어보다 더 광범위하다. 그러나 안타깝게도 산스크리트어를 만든 사람들은 이 지구상에 더 이상 존재하지 않는다."

그런데 산스크리트어가 지금 경상도, 전라도 그리고 이북에서 쓰는 사투리와 정확하게 일치한다는 사실은 우리의 선조인 동이족이 만든 글자가 곧 산스크리트어라는 결론에 도달하게 된다. 강상원 박사는 지난 50년간 전 세계 언어학(etymology)을 연구한 끝에 『산스크리트어 한글 사전(Sanskrit Korean Dictionary)』 2권(1권 1155 페이지, 2권은 1069 페이지)을 편찬해서 산스크리트어를 만든 사람들은 우리 동이족이라는 사실을 전 세계 학계에 입증했으며 하버드와 컬럼비아, 옥스포드 대학을 비롯한 전 세계 명문대학 도서관에서 이 사전을 소장하고 있다.

한자를 읽을 때 주의해야 할 사항

- 한자는 단철어(單綴語)여서 각각의 문자(文字)마다 독립된 의미를 지니고 있다.
- 한자는 현재·과거·미래를 구분하는 시제가 없고, 존칭어도 없다.
- 한자의 각 단어는 2 가지에서 많게는 72 가지의 다른 뜻으로 해석될 수 있다. 예를 들어 重 자는 36가지 뜻으로 해석이 가능하고, 天 자는 72가지 뜻으로 해석될 수 있다.
- 중국어는 명사가 명사를, 동사가 명사를 그리고 형용사가 명사를 수식할 수 있고 또 주체와 객체가 서로 혼용된다는 사실을 명심해야 한다. 그래서 한자는 연산(演算)(획과 음을 인수분해)의 방법으로 문장 속에서 그 의미를 찾아내야 한다.
- 한자는 '은, 는, 이, 가' 등의 주격 조사나 '을, 를' 등의 목적격 조사도 별로 없기 때문에 앞뒤 문맥을 살펴서 중간중간 '~하니, ~하면, ~하나, ~하고, ~하나니, ~이면, ~이요, ~인데, ~이니, ~이니라' 등의 조사를 넣어서 띄어쓰기를 해야 전체적인 문장의 뜻을 이해할 수 있다. 그리고 또 어디에서 띄어 쓰느냐에 따라 그 의미가 사뭇 달라진다.
- 한자에서 추상명사는 동사로도 쓰인다. 예를 들어 愛는 '사랑, 사랑하다', 思는 '생각, 생각하다'로 쓰인다.

우선 한자를 읽을 때 다음에 열거한 어조사(語助詞)를 확실하게 익혀 두어야 한 자의 해석이 쉬워진다.

1. 之: 가장 많이 나오는 소유격 조사로 대명사 또는 조사로 빈번하게 사용된 다. ~이, ~에, 으로, ~에게, ~의, ~이라면
    예 人之常情(사람이면 보통 가질 수 있는 인정) 之東之西(동으로 갔다, 서로 갔다), 그 러나 之가 문장의 끝에 오면 무조건 대명사 '그를'의 뜻이다. 영어로는 'of, is, him, her, it'의 뜻.

2. 而: '~말 이을 이, ~이면, 뿐만 아니라, ~해서, ~하면, 게다가, 그러나, 아직', 영어로는 'and so, and, as well as, but, yet'

3. 矣(의) 판단의 어기사(語己辭)로 '~이다, ~하게 되다'를 뜻하며 영어로는 'what it is'를 말한다. 어기사란 'mood'를 뜻하는데 한자에서는 동사의 형태 변화 없이 어기사를 이용해서 문장의 의미를 변화시킨다.

4. 於(어) 于(우)와 같은 뜻으로 '~에, ~으로부터, 하게 하다'를 뜻하며 영어로는 'at, from, let'이다.

5. 以: '~으로, ~같은, ~하게, ~에 따라서, 까닭이다'를 뜻하며 영어로는 'to use, from, by means of, according to, in order to, because of, at' 등의 의미로 쓰인다.

6. 焉(언) '~하면, 어떻게, 어디에, 그래서 ~이다'를 의미하며 영어로는 'as, where, how, what it is'로 해석된다.

7. 也(야) 말 맺을 어기사(語己辭)로 '~하다, 하지 않는가!'를 뜻하며 영어로는

'also, too, it is what it is'와 '의심쩍어하다'는 뜻의 'somehow'로 해석된다.

8. 兮(혜) '~라는 것은, ~하다, ~이다(말 맺을 語己辭)'를 뜻하며 영어로는 'as is, does, it is'의 의미로 쓰인다.

9. 哉(재) ~말 맺을 의문 어기사로 '아닌가? ~하지 않느냐?'를 의미하며 영어로는 'exclamatory or interrogative'로 해석된다.

10. 其(기) '그, 그것'을 의미하며 영어로는 'that, that one'이다.

11. 乎(호) 어기사(語己辭)로 '감탄, 영탄'의 뜻 '~하지 아니한가?'를 의미하며 영어로는 'Isn't it?'으로 해석된다.

12. 的: 접미사로 우리 말로 '~라고'에 해당된다. 일본인들이 메이지 시대에 서양 서적을 번역하면서 상습적으로 써 왔기 때문에 우리나라에서도 많이 쓰고 있는데 'romantic(낭만적)'에서 'tic', 'philosophical'에서 'cal'에 해당된다.

좀 난해한 구절은 영문으로 번역을 시도함으로써 오히려 원래 노자가 의도했던 심오한 의미를 천착할 수 있었다. 왜냐하면 영어는 다양한 나라들의 전통에서 유래한 방대한 언어를 수용하여 세계 어느 나라의 언어와도 비교할 수 없을 만큼 어휘가 가장 풍부한 언어이기 때문이다.

道經(Tao Ching, 도경 1장~37장)

도대체 도(道)란 무엇인가? 노자는 도(道)를 "상제지선(象帝之先)(하느님 이전의 것)"이라고 하면서 "도생이만물(道生而萬物)(도가 만물을 만들었다)"고 정의하고 있다. 노자에게 영향을 준 『주역(周易)』에서도 형체로 나타나기 이전의 상태를 도(道)라고 하고, 형체로 나타난 이후의 상태를 기(器)(그릇)라고 정의하고 있다.

1장　　　　道可道(도가도) 非常道(비상도)
THE BEGINNING OF THE UNIVERSE

道可道(도가도) 非常道(비상도)

도를 도라고 말할 수 있으면 그것은 늘 그러한 도가 아니고,

The Tao that can be expressed is not the Tao of the Infinite,

名可名(명가명) 非常名(비상명)

이름을 지으면 그것은 늘 그러한 이름이 아니다.

the name that can be named is not the name of the Infinite.

無名天地之始(무명천지지시)

이름이 없는 것은 천지의 시작이고,

The nameless originated Heaven and Earth (in the state of being empty and void, all things should be produced)

有名萬物之母(유명만물지모)

이름이 있는 것은 만물의 어머니라고 한다.

The named is the Mother of all things.

故常無欲(고상무욕) 以觀基妙(이관기묘)

그래서 욕심이 없으면, 사물을 실상을 바로 보고,

Therefore, without expectation one will always perceive the subtlety,

常有欲(상유욕) 以觀其徼(이관기요)

욕심을 부리면, 늘 가장자리만 본다.

And with expectation, one will always perceive the boundary.

此兩者(차양자) 同出而異名(동출이이명)

이 두 가지(바른 생각과 그른 생각)는 같은 근본에서 나왔으나, 그 이름을 달리한다.

The source of these two is identical, yet their names are different.

同謂之玄(동위지현) 玄之又玄(현지우현)

같은 데서라고 말하는 것은 묘하다, 참으로 묘하도다.

Together they are called profound, deeply profound and mysterious.

衆妙之門(중묘지문)

진실로 묘한 문이라고 할 수 있다.

The gateway to the collective subtlety.

    1장에서 말하는 道(도)는 모든 만물을 만들어지게 할 수 있는 원리, 즉 태극 이전의 無極(무극)이다. 영어로는 'Infinite'라고 표현할 수 있는데 요가 철학에서는 'kala'(산스크리트어)라고 칭한다. Kala는 'time'과 'emptiness'를 말하는데 우주의 탄생과 함께 시간과 공간이 생겨났다. kala는 곧 常(상)이라고 할 수 있다. 양자역학에서는 에너지 보존 법칙에 의해서 어떤 것도 저항을 받지 않으면 엄청난 에너지를 갖고 있던 닫혀 있던 우주에서 폭발하면서 무에서 유가 생겨날 수 있다고 했다.

2장

天下皆知 美知爲美(천하개지미지위미)

TRANSCENDING THE POLARITY

天下皆知 美之爲美(천하개지 미지위미) 斯惡也(사오야)

천하 사람들이 아름다움을 오로지 아름다움으로만 알고 있는데,
그것은 추한 것이기도 하다(노자는 추함은 아름다움의 존재 이유이기 때문
에 둘 다 중요하다는 말).

When all the world knows beauty as beauty, there is
ugliness as well.

皆知善之爲善(개지선지위선) 斯不善已(사불선이)

천하 사람들이 선을 선으로만 알고 있는데, 그것은 선하지 않은
것이기도 하다.

When they know good as good, there is also not as good.

故有無相生(고유무상생) 難易相成(난이상성)

그러므로 있음과 없음은 서로서로를 생하고, 어렵고 쉬운 것은
서로 이루고,

In this way, existence and nonexistence produce each
other, difficult and easy compete each other.

長短相較(장단상교) 高下相傾(고하상경)

긴 것과 짧은 것은 서로 바뀌어 이루어지는 것이며, 높고 낮음은

서로서로 바뀌어 기운다.

Long and short contrast each other, high and low attract each other.

音聲相和(음성상화) 前後相隨(전후상수)

노래와 소리는 서로 화하고, 앞과 뒤는 서로 바뀌어 따라가게 된다.

Pitch and tone harmonize each other, the front and rear part should be followed in series.

是以聖人(시이성인) 處無爲之事(처무위지사)

그래서 성인은 거짓 없이 일을 처리하고,

Therefore, evolved persons hold their position without effort,

行不言之敎(행불언지교) 萬物作焉而不辭(만물작언이불사)

말 없이 가르침을 행하고, 만물은 스스로 자라나는 데 그걸 간섭함이 없다.

Practice their philosophy without words and by the same token, regard the essential entity of Heaven and Earth may produce and bring forth all kinds of phenomenal things, not by spoken words.

生而不有(생이불유) 爲而不恃(위이불시) 功成而弗居(공성이불거)

생산한 것을 소유함이 없고, 잘되어 가게 하면서도 거기에 기대지 않고, 공이 이루어져도 거기에 머물지 않는다.

They produce but do not possess, act without expectation, may not dwell constantly in lack of intellectual depth of character.

夫唯不去(부유불거) 是以不去(시이불거)
그저 거기에 머물지 않으니, 잃을 것이 없다.
Indeed, they may not dwell constantly, and it remains with them.

2장에서는 이원론적 사고를 초탈해서 無爲(무위: 함이 없는 자연스러운 상태)를 강조하면서 음양의 상보성을 말하고 있다. 플라톤의 이원론과 같은 사고는 노자의 측면에서 보면 나의 분별심이 만들어 낸 허상에 불과하다고 보는 것이다. 그래서 성인은 늘 어느 쪽에도 치우치지 않는 無心(무심)의 경지를 유지하고 있다는 것이 2장의 핵심이다.

3장 　　不尙賢 使民不爭(불상현 사민부쟁)
KEEPING THE PEACE

不尙賢(불상현) 使民不爭(사민부쟁)
능력이 있는 사람들을 높이지 않으면, 백성들은 다투지 않는다.

Do not exalt the very gifted, and people will not contend.

不貴難得之貨(불귀난득지화) 使民不爲盜(사민불위도)

양식이 귀해서 얻기 힘들게 하지 않으면, 백성들은 도둑질을 하지 않는다.

Do not treasure goods that are hard to get, and people will not become thieves.

不見可欲(불견가욕) 使民心不亂(사민심불난)

욕심나게 할 물건을 백성들에게 보이지 마라, 그러면 백성들의 마음은 어지럽지 아니하다.

Do not focus on materials before the people, and people's minds will not be confused.

是以聖人之治(시이성인지치)

그래서 성인의 다스림은,

Therefore, evolved persons lead others by,

虛其心(허기심) 實其腹(실기복)

마음을 비우고, 너그럽게 베푸는 마음을 갖추고

opening their minds, reinforcing their centers,

弱其志(약기지) 强其骨(강기골)

지나친 야망을 버리고, 인격을 강건하게 하고,

Relaxing their desires, strengthening their characters,

常使民無知無欲(상사민무지무욕)

백성들이 서로 비교하지 않게 해서 욕심을 갖지 않게 하며,

Let the people always act without competing each other and avoid desires,

使夫智者不敢爲也(사부지자불감위야)

지식이 좀 있는 자가 감히 조작하지 못하게 한다.

Let the clever does not venture to act.

爲無爲(위무위) 則無不治(즉무불치)

자연스럽게 일을 하면, 다스리지 못할 것이 없다.

Act with natural process of making policy, and nothing is impossible to govern.

3장에서는 無爲(무위), 有爲(유위)란 말이 많이 나오는데 『도덕경』의 핵심 원리이다. 노자는 인간의 탐욕, 人工(인공), 人製(인제)를 초월함이 無爲(무위)라고 했다. 소위 어떤 인위적인 힘이 가해지지 않은 natural process(자연스런 과정)이다. 사실 태양과 달이 뜨고 지는 것, 봄 여름 가을 겨울 네 계절이 바뀌는 천지 자연의 원리는 모두 하나의 자연스러운 과정일 뿐이다.

4장　　　　道沖而用之 或不盈(도충이용지 혹불영)

THE NATURE OF THE TAO

道沖而用之(도충이용지) 或不盈(혹불영)

도는 텅 빈 것 같지만 그것을 활용해도, 이상하게 용량이 너무
커서 고갈되지 않으며,

The Tao is empty and yet useful, the vessel should not be
filled overflowing,

淵兮(연혜) 似萬物之宗(사만물지종)

경이롭도다! 세상만사의 근원인 것 같구나.

So profound! It resembles the source of All Things

挫其銳(좌기예) 解其粉(해기분)

예리한 곳을 유연하게 해 주고, 얽힌 것을 풀어 주며,

It blunts the sharpness, unties the tangles,

和其光(화기광) 同其盡(동기진)

갈등은 화해해 주고, 번뇌가 생기면 편안하게 해 준다.

Harmonizes the difficulties, it identifies with the ways of
the world.

湛兮(담혜) 似或存(사혹존)

맑고 또 맑아라, 이상하게도 무엇이 있는 것 같다.

So deep! It resembles a certain existence.

吾不知誰之子(오부지수지자)

나는 누구의 자식인지 모른다.

However, we cannot recognize whose son is this.

象帝之先(상제지선)

하느님보다 앞서는 것 같네.

Thus, before the heavenly king was born, the essential nature of the path of Heaven and Earth should have existed itself.

  4장에서는 道(도)는 하느님보다 앞선 그 무엇임을 강조하고, 道(도)의 실체를 서술하고 있다.

5장 　天地不仁(천지불인) 以萬物爲芻狗(이만물위추구)
HOLDING TO THE CENTER

天地不仁(천지불인) 以萬物爲芻狗(이만물위추구)

하늘과 땅은 정이 없고, 그래서 모든 만물을 마치 풀로 만든 강아지처럼 여긴다.

The Heaven and Earth should be impartial, they regard all things as straw dogs.

聖人不仁 (성인불인) 以百姓爲芻狗(이백성위추구)

성인은 정이 없고, 백성을 풀로 만든 강아지처럼 여긴다.

Evolved persons should be impartial, they regard all people as straw dogs.

天地之間(천지지간) 其猶橐籥乎(기유탁약호)

하늘과 땅 사이는, 마치 풀무와도 같다.

Between Heaven and Earth, the space is like a bellows.

虛而不屈(허이불굴) 動以愈出(동이유출)

텅 비어 있지만 다함이 없고, 작동해 가면서 더욱 산출해 낸다.

The emptiness changes all things without being exhausted, the more it moves, the more it produces.

多言數窮(다언삭궁) 不如守中(불여수중)

말이 많으면 더욱 자주 곤경에 처하게 되는데, 마음속에 간직하는 것만 못하다.

Too much talk will exhaust itself, it is better to remain centered.

5장에서는 道(도)의 실체를 좀 더 상술하고 道(도)는 마치 마른 풀잎으로 만든 개의 모양과 같이 인간이든 동물이든지 간에 어떤 객관적인 대상에 대해서 편견이나 五感(오감) 또는 고정된 의지가 없음을 말하고 있다.

6장   곡신불사(谷神不死) 시위현빈(是謂玄牝)
PERCEIVING THE SUBTLETY

谷神不死(곡신불사) 是謂玄牝(시위현빈)

생명의 근원(谷神)은 영원한데, 이것을 (여자의 음부와 비교해서) 신비한 암컷이라 한다.

The mystery of the valley is immortal; It is known as subtle female.

玄牝之門(현빈지문) 是謂天地根(시위천지근)

이러한 신비한 문은, 천지의 근원이라 일컫는다.

The gateway of the subtle female, is the source of Heaven and Earth.

綿綿若存(면면약존) 用之不勤(용지불근)

끊이지 않고 이어 가는데, 이렇게 움직이게 하는 힘은 결코 지치지 않는다.

Everlasting, endless, it appears to exist, its usefulness comes with no effort.

6장은 道(도)를 玄牝(현빈)으로 표현했는데, 원래는 이상한 여자란 뜻이나 여기서는 아이를 낳아도 낳아도 끊기지 않는 어머니 자궁을 생산성과 불멸성을 대변하는 메타포로 표현했으며 이는 마치 솜이 물레에 들어가면 끊임없이 실로 만들어져 나오는 것과 같다는 것이다.

7장 천장지구(天長地久)
THE POWER OF SELFLESSNESS

天長地久(천장지구)

하늘은 영원하고 땅도 오래간다.

The Heaven is eternal, and the Earth exists in the extreme end of time.

天地所以 能長且久者(천지소이 능장차구자)

하늘과 땅이, 그렇게 오래갈 수 있다는 것은

They can be eternal and everlasting,

以其不自生(이기부자생) 故能長生(고능장생)

스스로를 위해서 존재하지 않기 때문이고, 그렇기 때문에 오래
갈 수 있는 것이다.

Because they do not exist for themselves, for that reason
they can exist eternally.

是以聖人(시이성인) 後其身(후기신) 而身先(이신선)

그래서 성인은, 자신을 뒤로하고(부정하고) 남을 추대하지만, 결
국은 남의 추대를 받아 앞서게 되는데

Therefore, evolved persons, put themselves last, and yet
they are first.

外其身(외기신) 而身存(이신존)

자신을 제쳐 놓고 돌보지 않지만, 오히려 영존(永存)하게 된다.

Put themselves outside, and yet they remain forever.

非以其(비이기) 無私耶 (무사야)

그렇게 하지 않는 것은, 사심이 없기 때문이 아니겠는가.

Is it not because they are without self-interest?

故能成其私(고능성기사)

그러나 그렇게 함으로써 진실로 자신을 성취하는 것이다.

Indeed, their interest could be succeeded.

7장은 자신을 내세우지 않는 겸손함을 강조하고 있는데 마치 하늘과 땅이 만물을 생성하고 성장하게 만들고 밤과 낮이 있게 하면서도 자신을 드러내지 않음과 같이 道(도)를 몸으로 내면화한 성인의 겸손함을 자연에 비유한 것이다.

8장

상선약수(上善若水)
NONCOMPETITIVE VALUES

上善若水(상선약수)

최상의 선은, 마치 물과 같다.

The highest value is like water.

水善利萬物(수선이만물) 以不爭(이부쟁)

물은 만물을 이롭게 하면서, 다투지 아니한다.

The value in water benefits all things, and yet it does not contend.

處衆人之所惡(처중인지소오) 故幾於道(고기어도)

모든 사람이 싫어하는 곳에 있는데, 그러므로 도에 가깝다.

It stays in places that others disdain, therefore is close to the Tao.

居善地(거선지) 心善淵(심선연)

백성을 잘 거느리고, 마음은 지극히 깊게 하고

The value in leadership is order, their minds flow from the heart.

與善仁(여선인) 言善信(언선신)

그들은 어진 것을 보여 주고, 말은 지극히 신뢰가 있다.

Their actions are benevolence, in words they are sincere.

正善治(정선치) 事善能(사선능)

올바르게 잘 다스리고, 맡은 일은 능력껏 잘 처리하고

They rightfully govern the nation, does things by virtue of good capability.

動善時(동선시) 夫唯不爭(부유부쟁) 故武尤(고무우)

일을 일으킬 때는 때를 잘 선택하고, 오직 싸우지 않으니, 허물이 없다.

In action, aware of timing, indeed, they do not contend, therefore, there is no resentment.

8장은 道(도)의 속성을 물에 비유해서 계속 강조하고 있다. 여기서 善(선)은 '잘', 혹은 '지극히'의 뜻이다

9장

持而盈之(지이영지)

TRANSCENDING DECLINE

持而盈之(지이영지) 不如其已(불여기이)

가득 채운 상태로 그대로 유지하려면, 이는 그만두는 것만 못하며,

Holding to fullness, is not as good as stopping in time

揣而銳之(췌이예지) 不可長保(불가장보)

너무 갈아서 예리하게 하면, 이는 오래 보존하지 못한다.

Sharpen a knife too much, its edge will not last

金玉滿堂(금옥만당) 莫之能守(막지능수)

금과 옥이 집에 가득해도, 이를 지킬 수 없으며

A house filled with gold and jade, can't be defended.

富貴而驕(부귀이교) 自遺其咎(자유기구)

부귀하다고 교만하면, 오히려 그 허물을 스스로 남긴다.

Pride in wealth and position, invites a certain fall.

功成自退(공성자퇴) 天地道(천지도)

공을 이루고 나면 물러나는 것이, 하늘의 이치이다.

Withdrawing when success is achieved, is the Tao in Nature.

9장에서 만물은 成住壞空(성주괴공)의 원리에 따라서 생겨나서 성장하고 일정한 기간 머물다 스러져서 결국 공으로 돌아가니 만사에 집착하지 말 것을 강조하고 있다.

10장 　載營魄抱一(재영백포일)
VISION, EMPOWERMENT AND GROWTH

載營魄抱一(재영백포일) 能無離乎(능무이호)

영백(나의 몸)에 싣고 하나인 도를 꼭 껴안아, 어떻게 떠나지 않게 할 수 있느냐?

In managing your physical instincts and embracing oneness, can you be undivided?

專氣致柔(전기치유) 能嬰兒乎(능영아호)

한가지 일에만 마음을 집중하며, 마치 어린아이와 같이 할 수 있느냐?

In focusing your influence, can you yield as a newborn child?

滌除玄覽(척제현람) 能無疵乎(능무자호)

마음에 더러운 것을 씻어 내고, 흠 없이 될 수 있겠느냐?

by cleaning your faculty of consciousness like a mirror, can you become free of error?

愛民治國(애민치국) 能無爲乎(능무위호)

백성을 사랑하면서 나라를 다스리는데, 진실로 잔재주를 부리지 않고 할 수 있느냐?

In loving people and leading the country, can you create without false tricks?

天門開闔(천문개합) 能爲雌乎(능위자호)

인간 마음의 신통력이 열렸다 닫혔다 하는 것같이, 여성의 유연성과 같이 할 수 있느냐?

In opening and closing the gateway to nature, can you not weaken like women's flexibility?

明白四達(명백사달) 能無爲乎 (능무위호)

모든 사리에 통달하면서도, 마치 아무것도 모르는 것같이 할 수 있느냐?

In seeing clearly what the people disperse in all directions, can you be without knowledge?

生之畜之(생지축지) 生而不有(생이불유)

낳고 기르면서도, 산출한 것을 소유하지 않고,

Produce things and cultivate, but do not possess.

爲而不恃(위이불시) 長而不宰(장이부재)

거짓이면 따르지 않고, 우두머리가 되어도 다스리지 않는다.

Act without expectation, advance without dominating.

是謂玄德(시위현덕)

이를 일컬어 지극한 덕이라 한다.

These are called the subtle powers.

10장에 營魄(영백)이란 나의 몸을 뜻하고, 一(일)은 하늘을 뜻하는데 양자를 융합하는 하나됨을 여성의 생식기능(혹은 어린이의 행동)이란 메타포를 사용해서 설명했다. 아주 적절한 해석이라고 생각한다. 백성의 마음을 존중하는 지도자의 상을 자식을 낳고도 소유하지 않는 여성성에 비교해서 설명하고 있다.

11장　三十輻共一轂(삼십복공일곡)

USING WHAT IS NOT

三十輻共一轂(삼십복공일곡)

삼십 개의 살이 한 바퀴통에 꽂혀 있어 차축이 돌아가면서 수레가 옮겨지는데,

Thirty spokes of the wheel may set up in a reciprocal bondage fastened by one universal inner wheel,

當其無有(당기무유) 車之用(차지용)

당연히 빈 공간이 있어, 수레가 유용하게 쓰이게 된다.

As it should be natural, the center axle of the wheel should be hollow, so as to makes the wheel useful.

挺埴以爲器(정식이위기) 當其無有(당기무유) 器之用(기지용)

찰흙을 빚어서 그릇을 만들지만, 당연히 그 가운데는 비우게 해야 그릇의 쓸모가 있게 된다.

From clay into a cup, the center space is empty and gives it purpose.

鑿戶牖以爲室(착호유이위실) 當其無有(당기무유) 室之用(실지용)

문과 들창을 뚫어서 방을 만드는데, 당연히 빈 공간이 있어서 방의 쓸모가 있게 된다.

From doors and windows for a house, the opening, make the house useful.

故有之以爲利(고유지이위리) 無之以爲用(무지이위용)

그래서 있는 것이 이로운 것은, 없는 것이 유용하게 쓰이기 때문이다.

Therefore, purpose comes from what is there, because of what is not there.

11장에서는 만물을 있게 한 空(공)의 필요성을 강조하고 있다. 1967년 구소련의 물리학자인 안드레이 사하로프(Andrei Sakharov)는 우주는 초기에 빅뱅 이전의 가짜 진공(false vacuum: 空 · low energy 상태)에서 빅뱅이 발생한 순간 물질과 반물질의 미세한 대칭성 파괴(CP Symmetry)로 인해서 만들어졌다고 했다. 즉 빔은 모든 존재가 있기 위한 필요조건인 것이다.

12장　　五色永人目盲(오색영인목맹)
CONTROLLING OUR FIVE SENSES

五色永人目盲(오색영인목맹)
다섯 가지 색은 눈을 멀게 하고,
The five colors will blind one's eye,

五音令人耳聾(오색영인이농)
다섯 가지 음을 내는 소리는 귀를 멀게 하며,
The five tones, will deafen one's ear,

五味令人口爽(오미영인구상)
다섯 가지 맛은 인간의 입맛을 변하게 하고,
The five flavors, will jade one's taste,

馳騁畋獵(치빙전엽) 令人心發狂(영인심발광)

말을 타고 달리며 들사냥하는 것은 발광을 하게 하고,

Racing and hunting, will derange one's mind.

難得之貨(난득지화) 令人行妨(영인행방)

재화를 얻기 힘들게 하면 사람들이 꺼리는 행동을 하게 한다.

Goods that are hard to come by will obstruct one's way.

是以聖人委腹(시이성인위복) 不爲目(불위목)

그래서 성인은 헤아려서 하지, 눈에 보이는 대로 행동하지 않는다.

Therefore, evolved persons regard the center, and care little for the eyes.

故去彼取此(고거피취차)

그리하여 하지 말아야 하는 일은 버리고, 옳은 일만 택한다.

Hence, they discard the wrong one and receive the right one.

12장에서는 인간이 지나치게 五感(오감)에 빠지지 말며 오히려 腹(복: 헤아려서 하다)을 강조하고 腹(복)의 철학을 내면화하라고 한다. 爽(상)은 '입맛을 잃게 하다'의 뜻이다.

13장 총욕약경(寵辱若驚)
EXPANDING IDENTIFICATION

寵辱若驚(총욕약경) 貴大患若身(귀대환약신)

총애를 받거나 굴욕을 당하는 것은 모두 두려워해야 하며, 총욕이라는 대환을 마치 내 몸을 소중하게 여기는 것과 같이 하라.

There is alarm in both favor and disgrace, esteem and fear are identified with the self.

何謂寵辱若驚(하위총욕약경)

총애를 받거나 굴욕을 당하는 걸 모두 두려워해야 한다는 게 무슨 뜻인가?

What is the meaning of "alarm in both favor and disgrace?"

寵爲上(총위상) 辱爲下(욕위하)

총애를 받는 것은 부러움을 사기도 하지만, 또한 욕이 되기도 한다.

It is as if favor ascends and disgrace descends.

得之若驚(득지약경) 失之若驚(실지약경)

얻어도 두렵고, 잃어도 또한 두려운 것이다.

To attain them brings alarm, to lose them brings alarm as well.

是爲寵辱若驚(시위총욕약경)

그래서 총애나 굴욕은 똑같이 두려워하라는 것이다.

That is the meaning of alarm in both favor and disgrace.

何謂貴大患若身(하위귀대환약신)

심한 환란을 왜 자신의 몸과 같이 여기란 말인가?

What is the meaning of esteem and fear are identified with self?

吾所以有大患者(오소이유대환자) 爲吾有身(위오유신)

누군가 큰 환란을 겪고 있는 까닭은, 내가 몸이 존재한다고 보기 때문이다.

The reason for our fear, is the presence of our self.

及吾無身(급오무신) 吾有何患(오유하환)

만일 나라는몸을 무로 보면, 내가 걱정할 일이 어디에 있겠는가?

When we are selfless, what is there to fear?

故貴以身爲天下(고귀이신위천하) 若可寄天下(약가기천하)

그래서 몸을 귀하게 여기기를 도(공, 무아)와 같이 생각하면, 그에게 천하를 맡길 만하고

What one may esteem our personal body for the advantage of our national interest, will be committed to the world.

愛以身爲天下(애이신위천하) 若可託天下(약가탁천하)

그러므로 천하를 마치 자신의 몸과 같이 생각하는 사람에겐, 천하를 부탁할 만하다.

Therefore, those who esteem the world as self, will be entrusted with the world.

이 장은 불교와 도교의 가르침인 空(공)과 無(무)에 관련해서 지도자들에게 몸과 마음이 하나가 되는 無我 (무아)와 無私(무사)를 중요한 덕목으로 삼는 지도자에게 나라를 맡길 수 있다고 강조한다.

14장　　　視之不見(시지불견)

THE ESSENCE OF TAO

視之不見(시지불견) 名曰夷(명왈이)

보아도 보이지 않는 것을 이름하여 이(夷)라고 하고,

Looked at but not seen: its name is formless.

聽之不聞(청지불문) 名曰希(명왈희)

들어도 들리지 않는 것을 이름하여 희(希)라고 하고,

Listened to but not heard: its name is soundless.

搏之不得(박지부득) 名曰微(명왈미)

잡아도 잡히지 않는 것을 이름하여 미(微)라고 한다.

Reached for but not obtained: Its name is intangible.

此三者(차삼자) 不可致詰(불가치힐) 故混而爲一(고혼이위일)

위 셋은, 캐물어서 알아낼 수 없다. 왜냐하면 섞여서 하나가 되기 때문이다.

Those three cannot be analyzed, so they mingle and act as one.

其上不暾 (기상불교) 其下不昧(기하불매)

도의 위는 밝지 않고, 도의 아래는 어둡지 않다.

The rising is not bright, its setting is not dark.

繩繩不可名(승승불가명) 腹歸於無物(복귀어무물)

끊어지지 않고 계속되며 그 이름을 알 수 없고, 아무것도 없는 곳으로 돌아가 버린다.

Endlessly, the nameless goes on,

是謂無狀之狀(시위무상지상)

이러한 것을 형상 없는 형상이라고 한다.

That is why it is called the form of the formless.

無物之象(무물지상) 是謂恍惚(시위황홀)

물체가 없는 형상을 일러 황홀하다고 한다.

The image of nothingness, that's why it is called elusive.

迎之不見其首(영지불견기수) 隨之不見其後(수지불견지후)

생각해 추측해 보려 해도 그 시작을 알 수 없고, 따라가 보아도 그다음을 알 수 없다.

Confronted, its beginning is not seen, followed, its end is not seen.

執古之道(집고지도) 以御今之有(이어금지유)

옛날에 일어났던 일들을 참고해서 지금의 일들(有)을 주재하는데,

Hold on to the ancient Tao, control the current reality,

能知古始(능지고시) 是謂道紀(시위도기)

진실로 고시를 아는데, 이것을 도기(道紀: 도의 첫머리)라고 한다.

Be aware of the ancient origins, this is called the essence of Tao.

14장은 道(도)의 속성인 無聲(무성), 無色(무색), 無形(무형)을 강조하고 있다. '詰(힐)'은 '따져 묻다'의 뜻을 지닌다. 집고지도(執古之道)에서 도(道)는 '일 혹은 생각'의 뜻이다.

15장

古之善爲道者(고지선위도자)
THE POWER IN SUBTLE FORCE

古之善爲道者(고지선위도자) 微妙玄通(미묘현통)

예부터 참으로 훌륭한 선비는, 아주 미묘하고 신통해서

Those skillful in the ancient Tao are subtly ingenious and profoundly intuitive,

深不可識(심불가식) 夫唯不可識(부유불가식)

깊이를 헤아릴 길이 없고, 도대체 알 수 없으니

They are so deep they cannot be measured, since, indeed, they cannot be recognized,

故强爲之容(고강위지용) 豫兮(예혜) 若冬涉川(약동섭천)

억지로 그 형상을 짐작해 보면, 주저하며 겨울에 개울을 건너는 것 같고,

If characterized awkwardly of its form, so careful! as if wading a stream in winter.

猶兮(유혜) 若畏四隣(약외사린) 嚴兮(엄혜) 其若客(기약객)

주저하며 사방에 포위되어 두려워하는 것과 같고, 신중하여 손님이 된 것과 같다.

So hesitant! as if respecting all sides in the community, so reserved! as if acting a guest.

渙兮(환혜) 若氷之將釋(약빙지장석) 敦兮(돈혜)其若樸(기약박)

흩어지는 듯한데 녹으려는 얼음 같고, 꾸밈없어 순박함에 의지할 수 있고,

So yielding! as if ice about to melt. So candid! as if acting with simplicity.

曠兮(광혜) 其若谷(기약곡) 混兮(혼혜) 其若濁(기약탁)

마음이 넓어서 마치 모든 물이 계곡으로 모이듯이, 함께 섞여서 탁한 물 같다.

So open! as if acting as a valley, so integrated! as if acting as muddy water.

孰能濁以靜之徐淸(숙능탁이정지서청)

누가 감히 혼탁한 것을 진정시켜서 서서히 맑게 할 수 있을 것인가?

Who can harmonize with muddy water, and gradually arrive at clarity?

孰能安以久動之徐生(숙능안이구동지서생)

누가 감히 오랫동안 안정된 상황을 정지하고 마음을 움직여 서서히 생각하게 할까?

Who can -move with stability, and gradually bring endurance to life?

保此道者(보차도자) 不欲盈(불욕영)

이러한 도를 터득해서 가진 사람은, 가득 차기를 원치 않는다.

Those who maintain the Tao, do not desire to become full.

夫唯不盈(부유불영) 故能敝以新成(고능폐이신성)

대저 차지 않음으로, 진실로 닳아 해져서 새로워진다.

Indeed, since they are not full, they can be used up and also renewed.

15장에서는 道(도)를 체득한 성인의 모습을 설명하고 있다. 장(將)은 '행해지다', 석(釋)은 '녹다'의 뜻이다.

16장   致虛極(치허극) 守靜篤(수정독)

KNOWING THE ABSOLUTE. MAINTAIN THE DEEPEST TRANQUILITY

致虛極(치허극) 守靜篤(수정독)

마음을 끝 간 데 없이 비우고, 고요한 마음을 두텁게 하면,

Attain to the extreme end of emptiness; maintain the deepest tranquility,

萬物並作(만물병작) 吾以觀復(오이관복)

만물이 함께 일어나는데, 나는 그것이 곧 도에 복귀함이라고 본다.

All kinds of things should be joined together and produced as it goes steady, I know it is a returning to the state of original mind.

夫物藝藝(부물예예) 各復歸其根(각복귀기근)

대저 만물은 무성하게 되지만, 각기 그 근원으로 돌아간다.

Indeed, all things should grow richly, each of the root should be destined to return the Absolute.

歸根曰靜(귀근왈정)

근원으로 돌아가는 것을 정(靜)이라고 하고,

Returning to the Absolute is called the tranquility state of mind,

是謂復命(시위복명)

이 정(靜)이란 것은 하늘이 만물에게 준 천명으로 돌아감을 뜻하는데,

That is to say returning to the essential nature given by Heaven,

復命曰常(복명왈상)

천명으로 돌아감이란 곧 본질로 돌아감을 말함이다.

Returning to the Absolute means all things should be the phenomenal things for a while in consistent state.

知常曰明(지상왈명) 不知常(부지상) 妄作凶(망작흉)

도의 본질을 알면 명(明)이라고 하고, 본질을 모르면 망령되어 화를 자초한다.

To know the Absolute is called insight, to not know the absolute, is to recklessly become a part of misfortune.

知常容(지상용) 容乃公(용내공)

상(常)을 알면 관용하고, 관용을 알면 공평해진다.

To know the Absolute is to be tolerant, and what is tolerant becomes impartial;

公乃王(공내왕) 王乃天(왕내천)

공평함은 중요한 으뜸이고, 제일 중요한 것은 진리인데,

What is impartial becomes most powerful, what is most powerful becomes natural;

天乃道(천내도) 道乃久(도내구)

진리는 도이고, 도는 곧 영원한 것이다.

What is naturally becomes Tao, what has Tao becomes everlasting,

沒身不殆(몰신불태)

그리고 그 도를 터득한 사람은 몸이 다할 때까지 위태롭지 않다.

And those who follow the Tao free from harm throughout the life.

16장에서 常(상)은 영원불변이 아니라 변화를 가능하게 하는 道(도)의 근본 원리로 표현했다. 그리고 道(도)를 체득하는 구체적인 지혜를 말해 주고 있다.

17장   太上下知有之(태상하지유지)
THE POLITICS OF TRUST

太上下知有之(태상하지유지)

백성을 다스리는 최고의 지도자는 백성들이 지도자가 있다는 사실만을 알고,

Superior leaders are those whose existence is merely known,

其次(기차) 親而譽之(친이예지)

그다음으로 좋은 지도자는 백성을 가까이하면서 그들의 뜻을 받

아들이고,

The next best is the one who guide people according to by full affection, and honor people's desires.

其次(기차) 畏之(외지)

그다음 수준은 백성을 두려워하고,

The next one is who afraid of the people,

其次(기차) 侮之(모지)

제일 밑 수준은 백성을 속인다.

The lowest is the one who cheats peoples.

信不足焉(신부족언) 有不信焉(유불신언)

불신을 얻어 지도자를 못 믿게 되니, 어찌 백성들의 불신을 얻지 않겠는가?

Those who lack belief, will not in turn be believed.

悠兮(유혜) 其貴言(기귀언)

생각이 깊은 지도자는 그 말을 귀하게 생각해서,

With the best of leaders, is mindful of its essence,

功成事遂(공성사수) 百姓皆謂(백성개위) 我自然(아자연)

백성을 돌보는 일을 정성껏 수행해 나가면, 온 백성들이 모두 말하기를, 우리 스스로 해냈다고 한다.

And the work is done, the goal achieved, the people say,
"We did it ourselves."

　17장은 지도자가 어떻게 백성들로부터 신임을 받고 성정을 베풀 수
있는지를 가르치고 있다.

18장　　　　　大道廢有仁義(대도폐유인의)
　　　　　　　　　LOSING THE INSTINCTS

大道廢(대도폐) 有仁義(유인의)
큰 도가 없어질 지경이 되면, 인의가 생겨나고,
When the great Tao is forgotten, philanthropy and morality
appear.

智慧出(지혜출) 有大僞(유대위)
아주 뛰어난 요령이 나오니, 추한 거짓이 나오게 된다.
When very intelligent strategies are produced, great
hypocrisies emerge.

六親不和(육친불화) 有孝慈(유효자)

가족끼리 화목하지 못하면, 효도와 자애를 찾게 되고,

When the family has no harmony, piety and devotion appear.

國家昏亂(국가혼란) 有忠臣(유충신)

나라가 혼란해지면, 충신을 찾게 된다.

The nation is in chaos, royal patriot emerges.

　18장에서 노자는 그 당시 만연했던 남녀간의 성질서 문란과 정치적 부패로 인해 벌어지는 윤리적 해이(解弛) 현상을 강력한 규범으로 바로잡으려고 했던 지도자의 인위적인 작용을 오히려 비판하는 것으로, 모든 만사는 지나치게 억누르면 늘 거기에 대응하는 반작용이 따르니 물 흐르듯이 자연스러운 흐름에 맡기라는 뜻으로 장자의 是謂玄同(시위현동: 말도 아는 것도 잊은 경지에서 道와 합일)사상을 대변하는 것이다.

19장　　　　絶聖棄智(절성기지)
RETURNING TO SIMPLICITY

絶聖棄智(절성기지) 民利百倍(민이백배)

임금이 지나친 기지를 쓰지 않으면, 백성을 백배 더 이롭게 하고,

If a leader discards the sacred, abandon strategies, it should be advantageous to people a hundredfold.

絶仁棄義(절인기의) 民復孝慈(민복효자)

인(仁)과 같은 말이 없어지고 정의와 같은 말이 사라져야만, 백성들이 섬기고자 하는 마음이 되살아나는 것이다.

If the virtue of intelligence wisdom and the virtue of justice are abolished, people should return to natural love.

絶巧棄利(절교기리) 盜賊無有(도적무유)

위정자가 기교를 부려서 이익을 취하지 않으면, 도둑이 남의 것을 훔쳐 가려고 하지 않는다.

If the clever skill and false tricks are abandoned, then the thieves will exist no longer.

此三者(차삼자) 以爲文不足(이위문부족)

위에 말한 세 가지만으로는 글로 표현하는 것이 부족한 것 같아서,

However, if these three passages, are inadequate,

故令有所屬(고영유소속)

그러므로 계속해서 실행할 것을 당부하는 바는

Adhere to these principles:

見素抱樸(견소포박) 少私寡欲(소사과욕)

소박한 마음과 원래 인간의 순수함을 지키려고 생각하고, 스스로를 낮추고 욕심을 최소한으로 줄이는 것이다.

Perceive purity and embrace simplicity; condescend yourself and limit desires.

19장에서는 한 국가에서 지혜와 仁義(인의) 그리고 기교를 말한다는 것은 벌써 그 사회가 부패했다는 증거라고 말한다. 素(소)와 樸(박)을 대조해서 강조했는데 두 낱말은 중요한 단어이다. 素(소)는 아무것도 섞이지 않은 인간의 순수한 마음인 정신적인 측면이라면, 樸(박)은 가공된 인간의 문명을 말하는 것으로 물질적인 면을 통칭하는 용어인 것이다.

20장   絶學無憂(절학무우)
DEVELOPING INDEPENDENT MIND

絶學無憂(절학무우) 唯之與阿(유지여하)

학문을 끊어 버리면 걱정이 없어질 것인데, 그냥 공손히 예라고 대답하는 것과 건성으로 예라고 답하는 것이,

Discard the academic then there is no anxiety, between respectful agreement and casual yes,

相去幾何(상거기하)

그 차이가 얼마나 될까?

How much difference is there?

善之與惡(선지여악) 相去何若(상거하약)

좋은 것과 나쁜 것, 그 차이는 얼마나 될까?

Between good and evil, how much difference is there?

人之所畏(인지소외) 不可不畏(불가불외)

사람들이 두려워하는 감정을, 나 또한 두려워하지 않을 수 없도다.

With human beings should inherently have the virtue of awe, I am as well inevitably feel the virtue of awe.

荒兮(황혜) 其未央哉(기미앙재)

그 경외롭다는 감정은 황막해서, 그 마음의 끝이 없으니 메마르지 않는구나.

The feeling of awe is expansive and flourishing, no end is in sight.

衆人熙熙(중인희희) 如享太牢(여향태뢰) 如登春臺(여등춘대)

대다수 사람들의 마음은 그저 기뻐하고, 큰 소를 잡아 대접받는 것 같고, 또 봄날에 누각에 올라가서 굽어보는 것 같다.

Most people's mind is delightful and joyous, as if receiving a great sacrifice with a big cow, as if ascending a living observatory.

我獨泊兮(아독박혜) 其未兆(기미조) 如嬰兒之未孩(여영아지미해)

나 홀로 고요한 상태로 있으니 움직일 기미가 보이지 않고, 마치 아직 웃음을 짓지 못하는 영아와 같으니

I alone seem to be overlooked, with no sign of committing myself, like an infant who has not yet smiled.

纍纍兮(뢰뢰혜) 若無所歸(약무소귀)

얽매어 괴로워하는구나, 마치 돌아갈 곳이 없는 것처럼.

As I were alone confined and restrained from action, so there is no shelter to which I should return.

衆人皆有餘(중인개유여) 而我獨若遺(이아독약유)

다른 사람들은 다 돌아갈 곳이 있는데, 유독 나만 홀로 남아 있구나.

Even though all the people have their own shelters to return, obviously I should stand alone without suitable shelter.

我愚人之心也哉(아우인지심야재) 沌沌兮(돈돈혜)

이것이 어리석은 사람의 생각인가, 혼돈스러워 갈피를 못 잡겠구나.

I alone might be in the ignorant person's mind, what a chaotic is it.

俗人昭昭(속인소소) 我獨昏昏(아독혼혼)

보통 사람들은 밝고 현명한데, 나만 유독 고통과 무지에서 헤매고 있구나.

Ordinary people are bright and obvious, I alone am in a state of suffering and agony.

俗人察察(속인찰찰) 我獨悶悶(아독민민)

보통 사람들은 자세히 살피고 잘 아는데, 나만 홀로 답답해서 걱정하고 있구나.

Ordinary people are exacting and sharp, I alone am subdued and dull.

澹兮(담혜)其若海(기약해) 飂兮(료혜) 若無止(약무지)

세속의 사람들은 바람에 따라 움직이듯, 마치 바다처럼 대단한 위세로구나, 거센 바람 멈출 수 없을 것같이.

Ceaseless like a penetrating wind, as if sea, as if I should fly up and descend down, it is no knowing where to stop.

衆人皆有以(중인개유이) 而我獨頑似鄙(이아독완사비)

중인은 다 쓸 데가 있는데, 나 홀로만 어리석고 비천한 것 같구나.

While ordinary people are useful, I alone am in ignorant and disgrace.

我獨異於人(아독이어인) 而貴食於母(이귀식어모)

사람들에게는 내가 이상하게 보이겠지만, 나는 근본을 지키는 삶을 소중하게 여긴다.

I alone am different from the others, in treasuring nourishment from the Mother.

20장은 노자가 일생을 살아온 자신의 인생철학을 서술한 구절이다. 즉 노자는 어떤 변치 않는 원칙이나 도그마를 철저히 배격하면서 자신이 실제 체험으로부터 얻은 독립된 지성을 바탕으로 절대로 양 극단으로 치우치지 않는 균형 잡힌 삶을 살았다고 할 수 있다. 여기서 母(모)는 인간의 도리를 뜻한다

21장   孔德之容(공덕지용)
KNOWING THE COLLECTIVE ORIGIN

孔德之容(공덕지용) 惟道是從(유도시종)

훌륭한 덕의 모습은, 생각건대 천지자연의 이치를 잘 따르는 것이다.

As the great virtue of good, conceivably should be retained in the path of heaven and earth,

道之爲物(도지위물) 惟恍惟惚(유황유홀)

도라는 존재는, 오직 어렴풋하여 황홀할 뿐이다.

The Tao cannot be a perceived being, so intangible, so magnificent.

惚兮恍兮(홀혜황혜) 其中有象(기중유상)

무척 황홀하도다! 그 중심에 형상들이 들어 있다.

Intangible and magnificent, and its center appears in image.

窈兮(요혜) 冥兮(명혜) 其中有精(기중유정)

그윽하고, 보이지 않는데, 그 중심에 정신이 들어 있다.

As it being profound, and silent, the vital spirit of all animated things should exist therein.

其精甚眞(기정심진) 其中有信(기중유신)

그 정신은 너무 진실해서, 그 속에는 확신이 들어 있다.

The life force is very real, and its center appear truth.

自古及今(자고급금) 其名不去(기명불거) 以閱衆甫(이열중보)

예로부터 지금까지, 그 이름을 빠뜨리지 않고 낱낱이 조사해서 원래 형상을 알려 주는데,

From ancient times to the present, its name ever remains, through the experience of the collective origin.

吾何以知(오하이지) 衆甫之狀哉(중보지상재)

우리가 어떻게, 태초 만물의 형상을 알 수 있겠느냐?

How could I dare, to comprehend the primitive birth stage of all the phenomenal things?

以此(이차)

이것을 통해서.

Through this.

21장에서 道(도)란 서양인들이 만든 하나님이라는 초월적인 존재가 아니라 네 눈앞에 보이는 자연 현상이 곧 도라고 말하고 있다. 甫(보)는 만물의 시작을 뜻하는 곧 始(시)의 뜻이다.

22장   曲則全(곡즉전)
FOLLOWING THE INNER HARMONY

曲則全(곡즉전) 枉則直(왕즉직)

꼬부라진 것은 곧게 되며, 구부러진 것은 바로잡게 된다.

What is curved becomes whole, what is crooked becomes straight.

窪則盈(와즉영) 敝則新(폐즉신)

웅덩이는 채워지는 법이며, 낡으면 새롭게 바뀌는 법이다.

What is deep becomes filled, what is exhausted becomes refreshed.

少則得(소즉득) 多則惑(다즉혹)

욕심이 적으면 마음의 만족을 얻는 법이고, 너무 많으면 미혹하게 되는 법이다.

What is small should be virtuous instead, what is excessive should be deluded in mind.

是以聖人(시이성인) 抱一爲天下式(포일위천하식)

그러므로 성인은, 근본인 도를 간직하니 천하의 모범이 된다.

Therefore evolved persons hold on to the one, regard the world as their pattern.

不自見(불자견) 故明(고명)

스스로 드러내 보이지 않으니, 더 잘나 보이고,

They do not display themselves, therefore they are illuminated.

不自是(불자시) 故彰(고창)

자기 자신을 옳다고 하지 않으니, 더욱 빛을 발한다.

They do not define themselves, therefore they are distinguished.

不自伐(부자벌) 故有功(고유공)

스스로 공을 차지하지 않으니, 더욱 공이 드러난다.

They do not make claims, therefore they are credited.

不自矜(부자긍) 故長(고장)

스스로 잘난 체하지 않으니, 오랫동안 남의 존경을 받는다.

They do not boast, therefore they advance.

夫唯不爭(부유부쟁) 故天下莫能與之爭(고천하막능여지쟁)

헤아려 보건대 그저 다투지 않으니, 세상 누구와도 경쟁을 벌일 수가 없다.

Since indeed, they do not compete, the world cannot compete with them.

故之所謂(고지소유) 曲則全者(곡즉전자) 豈虛言哉(기허언재)

옛말에 소위 굽으면 온전해진다고 말했는데, 어찌 빈말이겠는가?

The ancient saying that "what is curved becomes whole" – are these empty words?

誠全而(성전이) 歸之(귀지)

자신을 진실하게 온전히 유지하는 길은, 자신의 내면에 있는 도(道)로 돌아가는 것이다.

To become whole, turn within.

22장에서는 道(도)의 無自性(무자성)을 거론하고 있다. 抱一爲天下式(포일위천하식)에서 式(식)은 천하의 모범을 말한다. 한 가지 알아야 할 것은 『도덕경』에서는 道(도), 德(덕), 善(선) 등은 많은 경우 동의어로 쓰인다는 점이다. 道(도)는 또한 마음으로도 종종 해석된다.

23장

希言自然(희언자연)
THE SILENT STATE OF THE NATURE

希言自然(희언자연)
자연은 도대체 말이 없다.
Nature rarely speaks in silence.

故飄風不終朝(고표풍부종조)
고로 천지를 흔들어 놓는 회오리 바람은 한나절을 계속되지 못하고,
Hence the whirlwind does not last a whole morning,

驟雨不終日(취우부종일)
폭우도 온종일 내리지 못한다.
Nor the sudden rainstorm last a whole day.

孰爲此者(숙위차자) 天地(천지)

누가 이렇게 만들고 있는가? 천지이다.

What cause this? Heaven and Earth.

天地尚不能久(천지상불능구) 而況於人乎(이황어인호)

천지도 마음대로 질풍이나 폭우를 계속해서 작용하게 할 수 없는
데, 하물며 인간인 왕이 어찌 그 위상을 그대로 유지할 수 있으랴?

If Heaven and Earth cannot make them long lasting, how
much less so can the king?

故從事於道者(고종사어도자) 道者同於道(도자동어도)

그래서 도를 연마한 자는, 생각하는 것이 도에 통하게 하고,

Thus, those who cultivate the Tao, conceive himself
through the Tao, leads with the Tao.

從事於德者(종사어덕자) 道者同於德(덕자동어덕)

덕을 연마한 자는, 생각하는 것이 덕에 통한다.

Those who cultivate the virtue, conceive himself through
the virtue, leads with the virtue.

從事於失者(종사어실자) 道者同於失(도자동어실)

잘못을 좇아 행하는 자는, 생각하는 것이 잘못하는 데 도가 트게
된다.

Those who cultivate the failure, conceive himself through
the failure, leads him to the failure.

同於道者(동어도자) 道亦樂得之(도역락득지)

도에 통했다는 것은, 도 역시 그를 즐거이 맞이한다는 것이고,

Those who identify with the Tao, are likewise welcomed by the Tao,

同於德者(동오덕자) 德亦樂得之(덕역악득지)

덕에 통했다는 것은, 덕을 모두 바르게 터득했다는 것인데,

Those who identify with the virtue, are likewise welcomed by virtue.

同於失者(동어실자) 失亦樂得之(실역악득지)

잘못하는 데 도가 텄다는 것은, 잘못을 저지르는 데 이력이 났다는 것이다.

Those who identify with failure, are likewise welcomed by failure.

信不足焉(신부족언) 有不信焉(유불신언)

백성이 왕을 신뢰할 수 없게 하면, 백성들로부터 불신을 얻게 된다.

He(king) who is lacking in confidence, should be untrustworthy of loyalty.

장자는 至言去言(지언거언)이라고 했는데 '지극히 진실된 말은 들리지 않는다'는 뜻으로, 23장 노자의 希言(희언)과 통한다.

24장

企者不立(기자불립)

THE DANGER IN EXCESS

企者不立(기자불립) 跨者不行(과자불행)

발돋움한 자는 오래 서 있을 수 없고, 지나친 것은 실행되지 못
한다.

Those who are on tiptoe cannot stand firm, those who
boast of achievement will be overwhelmed by negative
counter reaction.

自見者不明(자견자불명) 自是者不彰(자시자부창)

스스로를 내보이려 하는 것은 현명한 처사가 아니며, 스스로를
옳다고 하는 것은 깨닫지 못한 것이다.

Those who display themselves cannot illuminate, those
who define themselves are not realized the truth.

自伐者無功(자벌자무공) 自矜者不長(자긍자불장)

스스로 업적을 내세우려는 자는 공적을 인정받지 못하고, 스스
로 자신을 높이려는 자는 존경받지 못한다.

Those who make claims can have no credit, those who
boast cannot advance.

其在道也(기재도야) 曰餘食贅行(왈여식췌행)

위에서 말한 것들은 도(道)에 근거해서 말하는 것이며, 그것들은 소위 남은 음식이나 쓸데없는 행동이나 같은 것이다.
I say these based on the principle of Tao, and these are like excess food and redundant actions.

物或惡之(물혹오지) 故有道者不處(고유도자불처)
하지 말아야 할 일을 하는 것은 추한 짓이며, 그래서 도를 터득한 자는 그렇게 처신하지 않는다.
They are to avoid as they bring corruption contrary to the natural law, thus those who possess the Tao turn away.

24장에서 노자는 잔재주를 부리지 말며, 過猶不及(과유불급)을 강조하고 있다. 伐(벌)은 '공을 자랑함'을 뜻한다.

25장 有物混成(유물혼성)
THE TAO OF GREATNESS

有物混成(유물혼성) 先天地生(선천지생)
만물이 혼돈된 상태에서 섞여 있었으며, 하늘과 땅이 생기기 이전에 그렇게 존재했다.

There was something in a state of fusion, before Heaven and Earth were born.

寂兮(적혜) 廖兮(료혜) 獨立而不改(독립이불개)

적막하고, 텅 비어 있는 것 같고, 스스로 그렇게 존재하며 절대 변함이 없다.

Silent, empty, independent and unchanging.

周行而不殆(주행이불태) 可以爲天下母(가이위천하모)

널리 돌아다녀도 지치지 않고, 가히 천하를 낳은 어머니라 할 수 있다.

Working everywhere, tirelessly; it can be regarded as Mother of the world.

吾不知其名(오부지기명) 字之曰道(자지왈도)

나는 그 이름을 모르지만, 글자로 도(道)라고 한다.

I do not know its name; the world I say is Tao.

强爲之名(강위지명) 曰大(왈대)

억지로 그 이름을 말하자면, 대(大)라고 하겠다.

Forced to give it a name, I say Great.

大曰逝(대왈서) 逝曰遠(서왈원) 遠曰反(원왈반)

도는 아주 광대해서 어디든지 돌아다니며, 아주 멀리까지 가서 떨어져 있더라도, 감은 곧 다시 돌아옴을 뜻한다.

Great means continuing, continuing means going far, going far means returning.

故道大(고도대) 天大(천대) 地大(지대) 王赤大(왕역대)

그러므로 도는 참으로 대단한데, 하늘도, 땅도 대단하고, 왕도 역시 대단하다.

Therefore, the Tao is Great, Heaven and Earth are Great and leader is likewise great.

域中有四大(역중유사대) 而王居其一焉(이왕거기일언)

이 세상에는 대단한 것이 넷이 있는데, 왕이 세상의 대단한 것 중 하나로다.

In the universe there are four Greatness and leader is one of them.

人法地(인법지) 地法天(지법천) 天法道(천법도) 道法自然(도법자연)

사람은 땅을 본받고, 땅은 하늘을 본받으며, 하늘은 도를 본받고, 도는 자연을 본받는다.

Human are modeled on the Earth, the Earth is modeled on Heaven, Heaven is modeled on the Tao, The Tao is modeled on nature.

25장에서 주의할 것은 道(도)는 자연을 본받는다고 하는 것이다. '法(법)'은 '본받는다'의 뜻이다.

26장   重爲輕根(중위경근)
THE GRAVITY OF POWER

重爲輕根(중위경근) 靜爲躁君(정위조군)

무거움은 가벼움의 뿌리요, 고요한 것은 조급한 것의 임금이다.

Gravity is the foundation of levity; prudent ruler should subdue the hasty and careless ruler.

是以聖人終日行(시이성인종일행) 不離輜重(불리치중)

그러므로 성인은 하루 종일 가도, 자신의 막중한 책임을 저버리지 않는다.

Thus, evolved leaders can travel the whole day, without leaving behind their baggage.

誰有榮觀(수유영관) 燕處超然(연처초연)

호화로운 경치가 있어도 마다하고, 편안하게 사는 데 초연한다.

However, arresting the view is, they remain calm and unattached.

奈何萬乘之主(내하만승지주) 而以身輕天下(이이신경천하)

1만 대의 전차를 소유한 천자(天子)가, 자기 몸을 가볍게 하면 어찌 되겠는가?

How can leaders with ten thousand chariots, have a light-hearted position in the world.

輕則失根(경즉실근) 躁則失君(조즉실군)

경솔하면 근본을 잃는 법이고, 성급하면 임금의 자리를 잃는다.

If they are light-hearted, they lose their foundation, if they are hasty, they lose their throne.

여기서 1만 대의 전차를 소유한 군자란 막중한 임무를 짊어진 군주를 뜻한다. 26장은 백성을 위한 군자의 엄중한 책무를 경고하는 대목이다.

27장   善行無轍迹(선행무철적)

SELECTING THE RIGHT MODE OF COMMUNICATION

善行無轍迹(선행무철적) 善言無瑕讁(선언무하적)

좋은 행실은 흔적을 남기지 않으며, 선한 말은 흠을 남기지 않고,

A good path has no ruts, a good speech has no flaws,

善數不用籌策(선수불용주책)

잘하는 셈은 주판을 쓰지 않는다.

A good analysis uses no schemes.

善閉無關楗(선폐무관건) 而不可開(이불가개)

빗장과 열쇠가 없어도 잘 잠그면 열 수가 없고,

A good lock has no bar or bolt, and yet it cannot be opened.

善結無繩約(선결무승약) 而不可解(이불가해)

노끈을 쓰지 않고 묶어도 전혀 허술하지 않아서 풀 수가 없다.

A good knot does not restrain, and yet it cannot be unfastened.

是以聖人(시이성인) 常善救人(상선구인) 故無棄人(고무기인)

그래서 성인은 늘 잘 도와주어서 고로 그들을 잃지 않고,

Thus, evolved persons are always good at saving others, hence no one is wasted.

常善救物(상선구물) 故無棄物(고무기물)

항상 일을 잘 도와주어서, 만사가 방치되지 않는다.

They are always good at saving things; hence nothing is wasted.

是謂襲明(시이습명)

이런 것을 예부터 밝은 지혜라고 한다.

This is called the intelligence as bright and brilliant.

故善人者 (고선인자) 不善人之師(불선인지사)

그래서 훌륭한 사람이란, 훌륭하지 못한 사람의 스승이고,

Therefore, a good person is the teacher of an inferior
person,

不善人者(불선인자) 善人之資(선인지자)

훌륭하지 못한 사람은, 훌륭한 사람의 자산이 되는 것이다.

and an inferior person, is the resource of a good person.

不貴其師(불귀기사) 不愛其資(불애기자) 誰智大迷(수지대미)

그런 스승을 귀하게 여기지 않고, 도움을 받는 자를 아끼지 않으
면, 지혜롭게 보여도 크게 현혹된 것이니,

One who does not treasure a teacher, or does not cherish
a resource, although intelligent, is greatly deluded.

是謂要妙(시위요묘)

이러한 것을 소위 현묘한 이치라고 한다.

This is called significant subtlety.

27장에서 노자는 선과 악이라는 개념을 두 가지의 독립된 실체로 보지 않고 하나의 본질이 마음먹기에 따라서 바뀌는 동전의 양면과 같은 상보의 개념이라고 말하고 있다.

28장 知其雄(지기웅) 守其雌(수기자) 爲天下谿(위천하계)
UNITING THE FORCE

知其雄(지기웅) 守其雌(수기자) 爲天下谿(위천하계)
남성적인 강인함을 잘 알면서, 여성의 유연성을 잘 지키면, 흐르는 계곡과 같이 천하가 본받게 된다.
Know the male, hold to the female nature, become the world's stream.

爲天下谿(위천하계) 常德不離(상덕불이) 復歸於嬰兒(복귀어영아)
천하의 계곡처럼 되면, 덕행이 몸에서 떠나지 않게 되어, 마치 태초의 어린아이와 같이 순박하게 된다.
By being the world's stream, the virtuous deed will never leave, this is returning to infancy.

知其白(지기백) 守其黑(수기흑) 爲天下式(위천하식)

자신이 명백히 밝게 알면서, 어두운 것이 무엇인지를 알고 지키면, 천하가 이를 본받게 되고,

Know the essential nature of white like the sun, and grasp the essential nature of the pure black, becoming the world pattern.

爲天下式(위천하식) 常德不忒(상덕불특) 復歸於無極(복귀어무극)

천하가 본받게 되면, 덕이 늘 떠나지 않게 되어서, 세상은 무극의 상태로 되돌아간다.

By becoming the world's pattern, the virtuous nature never leaves, this is returning Limitlessness.

知其榮(지기영) 守其辱(수기욕) 爲天下谷(위천하곡)

영달의 경지가 어떤 것인지를 알고, 모욕을 참을 줄 알면, 흐르는 계곡과 같이 천하의 골짜기가 된다.

Know the glory, hold to the patience, become the world's valley.

爲天下谷(위천하곡) 常德乃足(상덕내족) 復歸於樸(복귀어박)

흐르는 계곡과 같이 천하의 골짜기가 되면, 덕이 넘치게 되어서, 주인으로 삼으려는 천성으로 회답한다.

By becoming the world's valley, the virtuous deed will be sufficient for the people, reward to serve their leaders with natural purity.

樸散則爲器(박산즉위기)

어른으로 맞으려는 순박한 마음이 퍼지면 기구가 만들어지는 법
이고,

By spreading purity to serve their leaders, its organization
should be formed naturally,

聖人用之(성인용지) 則爲官長(즉위관장)

성인이 기용되어서, 곧 기구의 의장이 된다.

The evolved persons who employ them, are made into
leaders.

故大制不割(고대제불할)

그렇게 훌륭하게 이루어진 나라는 흐트러지지 않는다.

In this way the great system is united.

　28장은 道(도) 와 德(덕)을 겸비한 지도자의 주위에는 마치 수많은 물
줄기가 깊은 계곡으로 모이듯이 능력 있는 인재들이 자연스럽게 모여서
정의로운 사회가 만들어진다는 진리를 가르치고 있다. 여기서 式(식)은
모범을 본받는 것을 말하며, 忒(특)은 변한다는 뜻이다.

29장

將欲取天下(장욕취천하) 而爲之者(이위지자)

THE WAY OF NON-INTERFERENCE

將欲取天下(장욕취천하) 而爲之者(이위지자)

천하를 욕심부려 차지하려고 도모하는 자가 있는데,

Those who would take hold of the world, and act on it,

吾見其(오기견) 不得已(부득이)

나는 그것이 불가능함을 안다.

Never, I notice, succeed.

天下神器(천하신기) 不可爲也(불가위야)

세상은 참으로 신비한 기구여서, 그렇게 억지로 해서 되는 것이 아니다.

The world is mysterious instrument, not made to be handled.

爲者敗之(위자패지) 執者失之(집자실지)

억지로 이루려는 자는 실패하고, 차지한 자는 잃는다.

Those who act on it, spoil it, those who seize it, lose it.

故物(고물) 或行(혹행) 或隨(혹수)

그래서 세상만사는 혹은 스스로 가기도 하고, 또는 남을 따라가기도 하고,

So, in natural law, some lead, some follow,

或歔(혹허) 或吹(혹취)
혹은 안절부절못하기고 하고, 또는 침착하기도 하며,
Some agitate, some remain silent,

或强(혹강) 或羸(혹리)
혹은 강하기도 하고, 혹은 약하기도 하는데,
Some are firm, some are weak,

或載(혹재) 或隳(혹휴)
혹은 성취하기도 하고, 혹은 잃기도 하기 때문이다.
Some carry on, some lose heart.

是以聖人(시이성인) 去甚(거심) 去奢(거사) 去泰(거태)
그래서 성인은 극단을 피하고, 사치를 삼가며, 과도한 행동을 피한다.
Thus, evolved persons, avoid extremes, avoid extravagance, avoid excessive acts.

29장은 지도자의 덕성을 강조한 것으로, 권력을 무력으로 쟁취하는 것은 자연의 순리를 거스르는 것이기 때문에 결국 비극적인 종말을 맞이할 것이라고 경고하고 있다.

30장

以道佐人主者(이도좌인주자)

AIDING THE LEADER

以道佐人主者(이도좌인주자) 不以兵强天下(불이병강천하)

도(道)로써 지도자를 보좌하는 사람은, 무력으로 천하의 강자가 되려고 하지 않는다.

Those who use the Tao to guide leaders, do not use force to be the strong leader in the world.

其事好還(기사호환)

그렇게 하면 좋은 결과로 돌아온다.

Such matters tend to come into fruition.

師之所處(사지소처) 荊棘生焉(형극생언)

대저 군대가 머물던 곳에는 가시덤불이 무성하고,

Where armies are positioned, thorny brambles are produced,

大軍之後(대군지후) 必有凶年(필유흉년)

군대가 지나간 다음에는 꼭 흉년이 들게 마련이다.

A great military always brings years of hunger.

善者果而已(선자과이이) 不敢以取强(불감이취강)

훌륭한 지도자는 승리하면 곧 멈추고, 억지로 강대해지려고 하지 않는다.

Those who are skillful, stop after succeeded, and they do not hold on power with force.

果而勿矜(과이물긍) 果而勿伐(과이불벌)

이겨도 자만하지 않고, 이겨도 공적을 내세우지 않는다.

They succeed and not boast, they succeed and do not make claims.

果而勿驕(과이물교) 果而不得已(과이부득이) 果而勿强(과이물강)

이겨도 교만을 부리지 않으며, 이겨도 취하지 않고, 이겨도 억압하지 않는다.

They succeed and are not proud, they succeed and do not acquire in excess, they succeed and do not force.

物壯則老(물장즉노)

급하게 성장하는 것은 곧 쇠하는 법이니,

Things overgrown will always decline,

是謂不道(시위부도) 不道早已(부도조이)

이러한 것을 그릇된 도라 하는데, 그릇된 도는 일찍 끝나는 것이다.

This is not the Tao, what is not the Tao will soon end.

30장에서는 지도자를 보좌하는 사람은 각자의 생계에 매진해야 하는 국민을 싸움터로 동원하는 전쟁의 참담함을 인식하고, 가능한 전쟁을 삼가야 하며 부득이 전쟁을 선택한 경우 최소한의 희생을 호소하고 있다. 노자의 철학이 不以兵强天下(불이병강천하)에 모두 담겨 있다.

31장 夫佳兵者不祥之器(부가병자불상지기)
LIMIT THE USE OF FORCE

夫佳兵者 不祥之器(부가병자 불상지기)

대저 좋은 병기라고 하는 것은, 상서롭지 못한 무기인지라,

The so-called the finest weapons, can be instruments of misfortune,

物或惡之(물혹오지) 故有道者不處(고유도자불처)

혹시라도 일이 잘못될까 봐, 도(道)를 터득한 자는 이를 아예 두지 않는다.

Therefore, contrary to Natural Law, those who has possess Tao turn away from them.

君子居則貴左(군자거즉귀좌) 用兵則貴右(용병즉귀우)

그러므로 군자는 좌측을 귀하게 여기고, 군대를 동원하는 것은 우측을 좋아하는 것이다.

Evolved leaders prefer to dwell in the left side, while those who use weapons honor the right.

兵者不祥之器(병자불상지기) 非君子之器(비군자지기)

군사라는 것은 좋은 기구가 아니어서, 군자가 사용할 무기가 아니다.

Weapons are instruments of misfortune, not to be used by the evolved leaders.

不得已而用之(부득이이용지) 恬淡爲上(염담위상)

부득이 사용해야 할 때에는, 차분한 자세로 최고로 절제해서 사용해야 한다.

When their use is avoidable, the superior act with calm restraint is required.

勝而不美(승이불미) 而美之者(이미지자) 是樂殺人(시락살인)

이겨도 좋은 것이 아닌데, 만약 좋아한다면 살인을 좋아하는 것이다.

Even if victorious, it is not something to be joyful, if joyful, is a kind of enjoying with slaughter human lives.

夫樂殺人者(부락살인자) 則不可得志於天下矣(즉불가득지어천하의)
생각건대 사람 죽이기를 좋아한 사람은, 백성의 뜻을 얻을 수 없다.
Those who are content with slaughter, cannot find fulfillment from the people.

吉事尚左(길사상좌) 凶事尚右(흉사상우)
좋은 일은 왼쪽을 숭상하고, 흉한 일은 오른쪽을 숭상한다.
On the left, undertakings bring good fortune, on the right, undertakings bring misfortune.

偏將君居左(편장군거좌) 上將軍居右(상장군거우)
군사를 안부리는 왼쪽으로 기우는 것은 좋은 것이며, 군사를 부리는 오른쪽은 나쁜 것이다.
The good commander in chief occupies the left, bad commander in chief occupies the right.

言以 喪禮處之(언이상례처지)
상례를 치른다는 말은,
That is, they arrange themselves as in rites of mourning.

殺人之衆(살인지중) 以哀悲泣之(이애비읍지)
사람을 많이 죽였으니, 눈물 흘리는 슬픔으로 이것을 대해야 할 것이고,
For the slaughter of many, people should grieve with

heartfelt sorrow.

戰勝(전승) 以喪禮處之(이상례처지)

전쟁에서 승리한다 해도, 상례를 치르는 것과 같이 처리해야 한다는 것이다.

For in combat even victory is no cause for joy, instead should be designated as the sorrowful funeral rite.

31장은 전쟁을 가급적 피하되 불가피한 경우 짧게 그리고 최대한 고귀한 생명의 희생을 줄이는 방향으로 신속하게 처리할 것을 강조한다. 그리고 설사 승리를 했다고 해도 내 가족이 상을 당한 것과 같이 근신하는 심정으로 받아들여야 한다고 말하고 있다.

32장   道常無名樸(도상무명박)
THE TAO OF PROFOUND AND ABSOLUTE NATURE HAS NO NAME

道常無名(도상무명) 樸雖小(박수소)

참된 도는 이름을 붙일 수 없으며, 그 근본은 아주 미세하고 극히 작아서,

The Tao of the Absolute has no name, although infinitesimal in its Simplicity,

天下莫能臣也(천하막능신야)

천하의 누구도 그걸 마음대로 할 수 없다.

The world cannot master it.

侯王若能守之(후왕약능수지) 萬物將自賓(만물장자빈)

그렇지만 만약 후왕이 소박성을 지킬 수 있다면, 천하 만물이 후왕을 따를 수 있게 되어서,

If leaders would hold on it, all things would naturally follow.

天地相合以降甘露(천지상합이강감로)

천지가 서로 화합해서 단 이슬이 내리듯이,

Heaven and Earth would unite to rain sweet dew,

民莫之令而自均(민막지영이자균)

백성들도 법령으로 다스리지 않아도 스스로 따르게 되고,

And people would naturally cooperate without commands.

始制有名(시제유명)

마치 통나무가 잘리고 깎여서 형체가 만들어지듯이 이름이 붙게 된다.

Ever since all things were created, each one should be named,

名亦旣有(명역기유) 夫亦將知止(부역장지지)

일단 이름을 가진 세상이 만들어지면, 어디에서 멈추어야 할지
가 정해진다.

When names emerge, know likewise where to stop.

知止所以不殆(지지소이불태) 譬道之在天下(비도지재천하)

그런데 그 머무를 데를 알고 나면 위태롭지 않고, 도리를 따르는
마음이 세상 사람들을 모이게 하는 것을 비유하자면,

The presence of the Tao in the World, like the path of
heaven and earth

猶川谷之於江海(유천곡지어강해)

마치 냇물과 골짜기의 물이 흘러 강과 바다로 가는 것과 같다.

Is like the valley stream joining the rivers and seas.

32장은 통나무와 같은 樸(박)을 강조하고 있는데 樸(박)과 名(명)은 『도
덕경』에서 많이 회자되는 용어로 전자는 문명 이전의 소박함을, 후자는
문명이 만든 인간세상의 모든 부조리와 난맥상을 뜻한다. 통나무는 가
공되지 않은 無名(무명)의 상태에서 목수에 의해서 어떤 형태로든 변형될
수 있으니 적시적소에 이용될 수 있다는 잠재태를 말한다.

33장

知人者智(지인자지) 自知者明(자지자명)

SELF-MASTERY

知人者智(지인자지) 自知自明(자지자명)

남을 아는 자는 지혜롭고, 스스로를 알고 있는 사람은 현명한 사람이다.

Those who know others are intelligent, those who know themselves have wisdom.

勝人者有力(승인자유력) 自勝者强(자승자강)

남을 이기는 사람은 힘이 있는 사람이며, 자신의 마음을 이겨 내는 사람은 강인한 사람이다.

Managing others requires skill, mastering yourself takes inner strength.

知足者富(지족자부) 强行者有志(강행자유지)

만족할 줄 아는 사람은 부자이고, 힘써 행하는 자는 뜻이 있고,

Those who know enough is wealth of spirit, those who persevere have direction,

不失其所者久(불실기소자구) 死而不亡者壽(사이불망자수)

자기의 설 자리를 잃지 않고 지키는 사람은 오래가고, 죽어도 죽지 않는 것이며, 영원히 산다.

Those who maintain their position endure, and those who

die and yet do not perish, live on.

　33장에서 노자는 인간들이 일상적으로 밖으로만 향하던 비판의 잣대를 자신의 내면으로 돌릴 때 참된 道(도)의 경지를 체험할 수 있다고 말한다.

34장　　大道氾兮(대도범혜) 其可左右(기가좌우)
THE GREAT PATH OF HEAVEN AND EARTH EXTENDS EVERYWHERE

大道氾兮(대도범혜) 其可左右(기가좌우)
심오한 도는 넘쳐흐르는 물과 같고, 그것은 자유자재로 좌우로 움직일 수 있다.
The great Tao is like flowing water, flowing left and right.

萬物恃之以生(만물시지이생) 而不辭(이불사)
모든 만물이 그를 의지하여 생겨나도, 결코 지배하지 않는데,
The ten thousand things flow from it, yet it never dominates,

功成不名有(공성불명유)

일을 성취하고도 명성을 취하지 않는다.

Achieved successfully, yet it does not try to appear great.

衣養萬物(의양만물) 而不爲主(이불위주)

만물을 입히고 기르면서도, 결코 주인 행세를 하지 않는다.

It clothes and cultivate all things, yet it does not act as master.

常無欲(상무욕) 可名於小(가명어소)

욕망을 부리지 않으니, 그 존재가 아주 작아 보이는데,

Seen with detachment, and it appears infinitely Small.

萬物歸焉(만물귀언) 而不爲主(이불위주)

만물이 모두 이곳으로 돌아가지만, 주재자가 되지 않으니,

All things merge with it, and it does not act as master,

可名爲大(가명위대)

이것을 큰 것이라고 말할 수 있다.

It can be named Great.

以其終不自爲大(이기종부자위대)

도는 끝까지 크다고 하지 않으니,

In the end it does not seek greatness,

故能成其大(고능성기대)

그래서 진실로 위대함이 이루어질 수 있는 것이다.

And thereby achieves true great strength of character

34장은 1장과 4장, 7장, 8장에서 말한 道(도)의 위대성을 다시 상술한 것이다. 5장에서 道(도)는 만물을 芻狗(추구)로 여기고 生育(생육)하지만 不屈(불굴: 다함이 없다)한다는 걸 기억하자. 여기서 常(상)은 '부리다'의 뜻이다.

35장   執大象(집대상) 天下往(천하왕)
HOLD FAST THE GREAT IMAGE, AND ALL THE WORLD WILL COME

執大象(집대상) 天下往(천하왕)

대상(道)의 마음을 놓지 않고 견지하면, 많은 사람이 따라오게 되는데,

Hold fast to the Great Image, then all the world will come,

往而不害(왕이불해) 安平太(안평태)

어디를 가도 손해를 끼치지 않고, 태평을 누릴 수 있다.

Wherever you go shouldn't be harmful, only peace and order will follow.

樂與餌(악여이) 過客止(과객지)

아름다운 음악과 맛있는 음식은 지나가는 나그네를 멈추게 하지만,

When there is music together with food, the audience will linger,

道之出口(도지출구) 淡乎其無味(담호기무미)

도가 입에서 나올 때, 맑은 물처럼 맛도 없고 투명해서

But the Tao is expressed, it is transparent like clear water without substance or flavor.

視之不足見(시지부족견) 聽之不足聞(청지부족문)

보아도 볼 수 없고, 들으려 해도 들을 수가 없지만,

We observe and there is nothing to see, we listen and there is nothing to hear.

用之不足旣(용지부족기)

그 작용이 못다 하고 끝이 나는 일은 없다.

We use it without exhaustion and it is without end.

35장은 노자가 우리에게 늘 자애로운 마음을 가지고 어느 쪽에도 집착함이 없이 道(도)의 광대 무변함과 같이 浩然之氣(호연지기)의 자세로 살아갈 것을 주문하고 있다.

36장

將欲歙之(장욕흡지) 必固張之(필고장지)

CONCEALING THE ADVANTAGE

將欲歙之(장욕흡지) 必固張之(필고장지)

장차 이것을 접으려 하면, 반드시 진실로 펴게 해야 하고,

In order to deplete it, it must be thoroughly extended.

將欲弱之(장욕약지) 必固强之(필고강지)

장차 이것을 약하게 하려면, 반드시 진실로 강하게 하며,

In order to weaken it, it must be thoroughly strengthened.

將欲廢之(장욕폐지) 必固興之(필고흥지)

장차 이것을 폐하려고 하면, 반드시 진실로 더욱 진흥시키려 애써야 한다.

In order to reject it, it must be thoroughly promoted.

將欲奪之(장욕탈지) 必固與之(필고여지)

장차 이것을 빼앗으려 하면, 반드시 이를 주어야 한다.

In order to take away from it, it must be thoroughly endowed.

是謂微明(시위미명)

이것을 미명이라고 한다.

This is called a subtle insight.

柔勝鋼(유승강) 弱勝强(약승강)

유연한 것이 굳센 것을 이기고, 약한 것이 강한 것을 이긴다.

The yielding can triumph over the inflexible, the weak can triumph over the strong.

魚不可脫於淵(어불가탈어연)

물고기는 연못으로부터 내보낼 수 없듯이,

Fish should not be removed out of the lake,

國之利器(국지이기) 不可以示人(불가이시인)

국가는 백성을 이롭게 해 주는 기구여서, 백성을 저버리는 것은 옳은 일이 아니다.

Since the nation's prime objective should be beneficial to the people, it is not right forsaking desires of its own people.

　36장에서는 노자는 道(도)를 내면화한 德(덕)이 있는 지도자는 자신을 내세움이 없이 늘 만백성을 한결같은 마음으로 무위자연의 이치대로 다스릴 것을 주문하고 있다. 여기서 示(시)는 '저버리다' 의 뜻이다.

37장 　道常無爲(도상무위) 而無不爲(이무불위)
THE POWER IN DESIRELESSNESS

道常無爲(도상무위) 而無不爲(이무불위)

도는 항상 함이 없는 것 같지만, 못하는 일이 없다.

The Tao seems like never acts, and yet is never inactive.

侯王若能守之(후왕약능수지) 萬物將自化(만물장자화)

제후와 왕이 만약 이를 잘 지킨다면, 만물이 스스로 교화될 것이다.

If leaders can hold on to it, all things will be naturally influenced.

化而欲作(화이욕작) 吾將鎭之以無名之樸(오장진지이무명지박)

그러나 교화되는 과정에서 욕심이 생기면, 우리에게 보이지 않는 순박함이 진정시킨다.

Influenced and yet desiring to act, I would calm them with Nameless Simplicity.

無名之樸(무명지박) 夫亦將無欲(부역장무욕)

보이지 않는 순박함으로 진압해 가면, 백성들은 욕심을 없애려고 노력할 것이다.

If Nameless Simplicity calms down the leaders' desire, the people would follow suit.

不欲以靜(불욕이정) 天下將自定(천하장자정)

성인이 욕심냄이 없이 고요하면, 천하는 장차 스스로 안정될 것
이다.

If evolved leaders are in tranquil state of mind without the
avarice, the world will be naturally stabilized.

「도경」의 마지막인 37장은 聖人(성인)을 천지자연의 원리인 무욕, 순박
함에 비유하고 있으며 그런 지도자는 백성들이 자발적으로 동참해서 국
정이 잘 운영된다고 말해 주고 있다. 'Nameless'는 '道(도)'를 뜻한다.

德經(Te Ching, 덕경 38장~81장)

德(덕)이란 무엇인가? 會意字(회의자)에 나타난 德(덕)이란 글자를 인수분해해 보면 왼쪽에 두인변(彳)이 있고, 위에는 열 십(十) 그리고 밑에 넉 사(四)가 있고 그 밑에는 한 일(一)이 있으며 맨 밑에는 마음 심(心)으로 구성되어 있다. 우선 두인변(彳)이 다른 글자와 어울려 쓰일 때에는 '행동하다, 가다'의 뜻이 된다. 십(十)은 '열 번'의 뜻, 다음 넉 사(四)란 글자가 낱말의 중간에 들어갈 때는 눈 목(目)(보다)의 의미로 해석된다. 마음 심(心)은 마음의 뜻이니 '열 번 이상 눈을 부릅뜨고 한마음(一)으로 보고 행동한다'의 뜻이 되며 그게 곧 덕을 쌓는 길이라는 걸 말해 주고 있다. 즉, 인간사회의 올바른 도덕과 윤리를 말하고 있다.

38장　　上德不德(상덕부덕) 是以有德(시이유덕)
TRANSCENDING OURSELVES, THEY ARE TRULY VIRTUOUS

上德不德(상덕부덕) 是以有德(시이유덕)
최고의 덕은 자신을 잊는 것이고, 그래서 진실로 덕이 있으며,
The supreme virtue transcends ourselves; they are truly virtuous.

下德不失德(하덕불실덕) 是以無德(시이무덕)
천한 덕은 과시하려 하므로, 그래서 오히려 덕이 없다.

The lesser person tries hard to look good; therefore, not virtuous

上德無爲(상덕무위) 而無以爲(이무이위)
최고의 덕은 한다는 의식조차 없고, 작위가 없으며,
The supreme virtue takes no action and acts free of motive,

下德爲之(하덕위지) 而有以僞(이유이위)
천한 덕은 티를 내려고 하기에, 거짓으로 행한다.
The inferior virtue takes action purposely, and acts with deceit.

上仁爲之(상인위지) 而無以僞(이무이위)
훌륭한 인(仁)은 일을 꾸미지만, 거짓을 행하지 않는데,
The supreme philanthropy takes action and acts without malice,

上義爲之(상의위지) 而有以爲(이유이위)
최고로 의롭다고 하고 의지에 의해서 일으키지만, 거기에는 작위가 있다.
The supreme justice caused by strong will, acts with human skills and deceptive tricks.

上禮爲之(상례위지) 而莫之應(이막지응) 則攘臂而仍之(즉양비이잉지)

최고의 예를 갖추는 것은 유위인데, 이에 응함이 없으면 곧 팔을 걷어붙이고 끌어당긴다.

The supreme propriety takes action, and if there is no response, it raises arm to project itself.

故失道而後德(고실도이후덕) 失德而後仁(실덕이후인)

그래서 도를 잃은 후에 덕이 있고, 덕을 잃은 후에 인이 있고,

When the Tao has been lost, the virtue follows: when the virtue has been lost, wisdom follows.

失仁而後義(실인이후의) 失義而後禮(실의이후예)

인을 잃은 후에 가 있고, 의를 잃은 후에 예가 있다.

When the wisdom has been lost, justice follows: when the justice has been lost, propriety follows.

夫禮者(부예자) 忠信之薄(충신지박) 而亂之首(이난지수)

생각해 보면 예(禮)라는 것은, 두터운 신의가 희박해져서, 혼란이 시작되는 것이다.

Hence one who has propriety, has the veneer of faith, and yet it is the beginning of confusion.

前識者道之華(전식자도지화) 而愚之始(이우지시)

앞에 기록해 놓은 것은 도(道)가 만개하지 못하면, 어리석음이 시작된다는 것이다.

By analysis, should the Tao not be sprouted into flower, could be the beginning of foolishness.

是以大丈夫(시이대장부) 處其厚(처기후) 不居其薄(불거기박)

그래서 높은 위치에 있는 자는, 신중하게 처신하지, 가볍게 행동하지 않고,

Therefore, those who at the higher hierarchy, behave with the greatest endurance, without brashness,

處其實(처기실) 不居其華(불거기화)

진실하게 처신하지, 겉으로 보기에 화려하게 처신하지 않는다.

Behave prudently, without false tricks.

故去彼取此(고거피취차)

그래서 현명한 지도자는 나와 남을 구분하지 않는다.

In this manner, a wise leader should not make distinction between myself and others.

38장은 「德經(덕경)」의 초입으로 道(도)를 내면화한 지도자가 德(덕)을 시현하는 모습이 어떠한가를 구체적으로 상술하고 있다. 道(도)를 잃은 후에 德(덕)이 있고 仁(인)을 잃은 후에 義(의)가 있다는 패러독스는 결국 인간의 순수한 심성의 발현이 마비되었을 때 거기에 대한 반동으로 나타나는 현상이라는 것이다.

39장 昔之得一者(석지득일자)

ONE TO BE ORIGIN, THE BEGINNING OF ALL THINGS

昔之得一者(석지득일자)

옛날 태초에 근본인 하나가 있었다.

One to be Origin, the beginning of birth of all things.

天得一以淸(천득일이청) 地得一以寧(지득일이영)

神得一以靈(신득일이령)

하늘은 맑고 밝은 것으로 근본을 이루고, 땅은 안정된 것으로 근본을 이루고, 정신은 신령스러움으로 하나를 이루고,

The heaven was bright and clear, the earth was in balance, the spirit rejoiced its mysteriousness,

谷得一以盈(곡득일이영) 萬物得一以生(만물득일이생)

계곡은 물이 차는 것으로 근본을 이루고, 만물은 생겨나는 것으로 근본을 이루고,

The valleys were filled with life, the ten thousand things flourished,

侯王得一以爲天下貞(후왕득일이위천하정)

제후와 왕은 백성을 바르게 다스리는 것을 근본으로 삼았다.

The leaders were wise enough governing the people with integrity.

其致之(기치지) 天無以淸(천무이청) 將恐裂(장공열) 地無以寧(지무이영) 將恐發(장공발)

그 근본이 그치면, 하늘의 청명함이 없어지고, 무너져 내릴까 공포스럽고, 땅은 균형이 무너질까 두려움이 따르게 되고,

These were attained through Oneness, heaven without clarity would probably crack, earth without stability would probably quake,

神無以靈(신무이령) 將恐歇(장공헐) 谷無以盈(곡무이영)
將恐竭(장공갈)

정신은 혼이 나가서 아무것도 할 수 없지나 않을까 공포스럽고,
계곡의 물이 차지 않으면 말라 버릴까 두려워하게 되고,

Mind without inspiration would probably sleep, valleys without fullness would probably dry up.

萬物無以生(만물무이생) 將恐滅(장공멸) 侯王無以貞(후왕무이정)
將恐蹶(장공궐)

만물은 성장하지 않으면 멸망하게 될까 하는 두려움이 따르게 되고, 제후와 왕은 바른 정치를 하지 않으면 백성이 들고일어나 무너뜨리지 않을까 두려워하게 된다.

All things without creativity would probably dry up, leaders without incorruptible ways would probably stumble and fall.

故貴以賤爲本(고귀이천위본) 高以下爲其(고이하위기)

그런데 천한 것을 귀히 여기는 것은 근본을 이루는 것이기에, 자신을 낮추고 백성을 높이는 것이 근본을 행하는 것이다.

Indeed, the high-placed stem from the humble; the elevated are based upon the lowly.

是以侯王自謂孤(시이후왕자위고) 寡不穀(과불곡)

그래서 후왕을 스스로 고독한 자라고 부르거니와, 자신을 부족한 종(노예)이라고 칭하는 것이다.

This is why evolved leaders should be inevitably lonesome, isolated from the people, humbly speaking as the authority of a kind, nor proficient ruler.

此非以賤爲本邪(차비이천위본사) 非乎(비호)

이렇게 자신을 낮추는 것이 근본을 행하는 것이 아니겠는가? 그렇지 아니한가?

Is this not because they stem from the humble and common? Is it not?

故致譽無譽(고치예무예)

그래서 자칭해서 얻은 칭찬은 칭찬이 없는 것이니,

Therefore, attain honor without being honored,

不欲碌碌如玉(불욕녹록여옥) 珞珞如石(낙락여석)

아름다운 옥이 되려 하지 말고, 볼품없는 돌과 같이 되라.

Do not desire to shine like jade; wear ornaments as if were stone.

39장도 38장의 연속이라고 볼 수 있는데 좀 더 道(도)를 깨우치고 德(덕)을 갖춘 君子(군자)가 처신해야 할 참다운 모습을 재현하고 있다. 여기서 邪(사)는 의문사로 '아니겠는가?'의 뜻이다.

反者道之動(반자도지동)

THE WAY OF CIRCULATING IN SPACE

反者道之動(반자도지동)

근원으로 돌아가는 것은 도의 움직임이고,

The way of returning to the origin, is the activity of Tao,

弱者道之用(약자도지용)

연약한 것이 도의 작용이니,

Receptivity is the way of Tao goes.

天下萬物(천하만물) 生於有(생어유)

천하 만물은 유에서 생기며,

All things were produced from existence,

有生於無(유생어무)

유는 무에서 생긴다.

Its existence was produced from nonexistence.

40장은 有(유)와 無(무)에 관해서 14장에서 道(도)의 실체를 無色(무색), 無形(무형), 無聲(무성)이라고 정의한 것과 더불어 사물의 있고 없음은 無(무)와 有(유)가 끊임없이 반복되는 무한한 인드라 그물망과 같은 것이라고 하면서 無(무)는 有(유)의 근본이라고 말해 주고 있다.

41장   上士聞道(상사문도) 勤而之行(근이지행)

KNOW WHAT THE PATH OF HEAVEN AND EARTH,
DEVOTE YOURSELF TO PRACTICE THE PATH

上士聞道(상사문도) 勤而之行(근이지행)

최고의 지도자는 도에 대해서 들으면, 열심히 실행하려고 하고,

When superior leaders hear of the Tao, they diligently try practice it,

中士聞道(중사문도) 若存若亡(약존약망)

중간 정도의 지도자는 도에 대해서 들으면, 반신반의하고,

When average leaders hear of the Tao, they appear both aware and unaware of it.

下士聞道(하사문도) 大笑之(대소지)

제일 낮은 수준의 지도자는 도에 대해서 들으면, 크게 웃는다.

When inferior leaders hear of the Tao, they just roar with laughter.

不笑不足(불소 부족) 以爲道(이위도)

비웃음이 없으면, 도라고 부르기에는 부족하다.

Without sufficient laughter, there could be no Tao.

故建言有之(고건언유지) 明道若昧(명도약매) 進道若退(진도약퇴)

그래서 옛말에 의하면, 깨우친 도는 어리석은 도 같고, 본받아야
할 도는 버려야 할 도 같다.

So, the long-held sayings: The Tao illuminated appears to
be obscure, the Tao advancing appears to be retreating.

夷道若纇(이도약뢰) 上德若谷(상덕약곡) 大白若辱(대백약욕)

공평한 도는 어그러진 것 같고, 가득 찬 덕은 분수에 넘치는 것 같고,
진실로 결백한 덕은 때가 묻어 뒤범벅이 된 것 같다.

The Tao leveled appears to be uneven, superior Tao
appears to be low, Great clarity appears to be spotted.

廣德若不足(광덕약부족) 建德若偸(건덕약투) 質德若渝(질덕약유)

지극히 큰 덕은 부족해 보이고, 덕행을 세운 것은 빼앗길 것 같
고, 진실한 덕은 부정한 것 같다.

The great virtue appears to be insufficient, established
virtue appears to be stolen, substantial virtue appears to
be spurious.

大方無隅(대방무우) 大器晩成(대기만성)

크고 모범인 것은 모서리가 없고, 큰 그릇은 더디게 이루어진다.

The greatest space has no corners, the greatest talents are
slowly mastered.

大音希聲(대음희성) 大象無形(대형무형)

뜻이 깊은 말은 소리가 작고, 본받아야 할 지극한 형상은 형체가 없다.

The greatest music has the rarest sound, the great image should be in destitute of any form.

道隱無名(도은무명) 夫唯道善貸且成(부유도선대차성)

진정한 도는 이름이 없이 숨겨져 있으니, 생각해 보면 도는 무엇이든 잘 이루어지게 도와준다.

The Tao is hidden and nameless, yet it is the Tao that skillfully support and completes.

41장은 진실로 큰 인물은 자신을 아낌없이 내어 줄 때 道(도)를 성취할 수 있다고 말한다.

42장 　　道生一(도생일) 一生二(일생이)
TAO BEGET ONE AS COSMIC ENERGY, ONE BEGET TWO

道生一(도생일) 一生二(일생이)

도(道)는 하나를 낳고 하나는 둘을 낳고,

Tao beget the One as cosmic energy, the One begets the Two,

二生三(이생삼) 三生萬物(삼생만물)
둘은 셋을 낳고, 셋은 만물을 낳으니,
The Two begets the Three, The Three begets All Things.

萬物負陰而抱陽(만물부음이포양) 沖氣而以爲和(충기이이위화)
만물은 음기(陰氣)로 의지하고 양기(陽氣)로 감싸서, 혼연히 서로
화합한다.
All things carry Yin and hold to Yang, as they blend forever
into patterns of harmony.

人之所惡(인지소오) 唯孤寡不穀(유고과불곡)
而王公以爲稱(이왕공이위칭)
사람들이 싫어하는 바는, 오직 외로움, 부족함, 훌륭하지 못함
인데, 통치자들은 이것으로 자신의 칭호로 삼는다.
People hate to be alone, lonely, and unqualified,
unrespected and yet leaders take these names.

故物或損之而益(고물혹손지이익) 或益之而損(혹익지이손)
그래서 세상일이란 해로운 것처럼 보이는 일이 이로울 수도 있
고, 반대로 이로운 것처럼 보이는 것이 해로울 수도 있는 것이니,
Thus, in natural law, some lose and in this way profit,
some profit and in this way lose.

人之所教我亦教之(인지소교아역교지)

사람들이 깨달아야 할 바를 나 또한 가르치려고 하는데,

What others have taught I also teach,

強梁者(강량자) 不得其死(부득기사)

강포해서 함부로 날뛰는 자는 부득이 죽고 마니,

Those who are violent, do not die naturally,

吾將以爲敎父(오장이위교부)

나는 장차 이 강량(強梁)을 배제하는 것을 교육의 근본으로 삼으려 한다.

I will make this my chief teaching.

42장은 우주의 태초에 대한 가장 핵심적인 해석으로 『장자』의 「天地篇 (천지편)」에 잘 표현되어 있는데 道(도)란 "하나가 있으나 아직 형이 없는 것"이라고 표현한다. 즉 만물이 하나로부터 나와 스스로 물리법칙에 의해서 생성되는 것과 같이 인간도 무위자연의 법칙을 따르면서 強(강)함 보다 柔弱(유약)함 그리고 상호의존성을 강조하고 있다. 梁(량)은 '함부로 날뛰다'의 뜻이다.

43장 　　天下之至柔(천하지지유)

THE SUBTLE POWERS OF THE WORLD

天下之至柔(천하지지유) 馳騁天下之至堅(치빙천하지지견)

천하의 제일 유약한 것이, 천하의 견고한 것을 관통하고,

The subtle powers of the world, overtake the most rigid parts of the world,

無有入無間(무유입무간)

형태가 없는 것은 틈새가 없는 데까지 스며든다.

The insubstantial can penetrate into the subtle crevice.

吾是以知無爲之有益(오시이지무위지유익)

그러므로 나는 무위(無爲)가 유익하다는 것을 안다.

From this I learn the power of inaction

不言之敎(불언지교) 無爲之益(무위지익)

말없는 가르침과, 무위(無爲)의 이로움,

The lesson without words, the advantage without action,

天下希及之(천하희급지)

이를 이루는 나라는 정말로 드물다.

It is rare in the world to attain them.

43장은 세상에서 가장 유약하면서도 미치지 않는 곳 없이 만물을 생육하는 물의 유연성과 생명성을 강조하면서 지도자들에게 백성을 강제함이 없이 물과 같은 철학을 가지고 다스리라고 말해 주고 있다.

44장 名與身孰親(명여신숙친)
SURVIVING ADVERSITY AND SUCCESS

名與身孰親(명여신숙친) 身與貨孰多(신여화숙다)

명성과 생명 중 어느 것이 더 중요한가? 생명과 재화 어느 쪽을 더 바라는가?

Which is greater, fame or peace of mind? Which is more valuable, peace or wealth?

得與亡孰病(득여망숙병) 是故甚愛(시고심애) 必大費(필대비)

얻는 것과 잃는 것 중에 어느 것이 더 문제를 일으키는가? 그러므로 그러한 것에 너무 애착을 가지게 되면, 큰 대가를 치르게 된다.

Which brings more problems, gain or loss? Therefore, the stronger attachments for wealth, the greater the cost to our lives.

多藏必厚亡(다장필후망)

재화를 많이 축적하면 크게 망하는 것이다.

The more that is hoarded, the deeper the loss.

知足不辱(지족불욕) 知止不殆(지지불태)

만족할 줄 알면 모욕을 당하지 않고, 분수를 지켜서 그칠 줄 알
면 위태롭지 않다.

Know what is enough; be without disgrace, know when to
stop, be without danger.

可以長久(가이장구)

그리하여 마음을 오래 편하게 가질 수 있다.

In this way one may last in peace for a long time.

　44장은 덕을 체득한 지도자는 모름지기 물질의 유혹을 초월해야 하
며, 물질에 대한 욕망을 떨쳐 버리지 못하고 끝없이 축적하면 결국은 비
극적인 종말을 맞이한다는 평범한 진리를 말하고 있다.

45장   大成若缺(대성약결) 其用不弊(기용불폐)

GREAT ACCOMPLISHMENT IS IN DESTITUDE,
ITS USEFULLNESS IS OPEN-ENDED

大成若缺(대성약결) 其用不弊(기용불폐)

가장 잘 완성된 것은 마치 훼손된 듯하나 그 쓰임은 다함이 없고,

The greatest achievement seems like in destitute; its usefulness is unimpaired.

大盈若沖(대영약충) 其用不窮(기용불궁)

가장 충만한 것은 마치 빈 듯하나 그 쓰임은 역시 다함이 없다.

The greatest fullness seems like empty; its usefulness is inexhaustible.

大直若屈(대직약굴) 大巧若拙(대교약졸)

매우 곧은 것은 굽은 것 같고, 매우 공교한 재능은 오히려 서투른 것 같다.

The greatest directness seems like flexible; the greatest skillfulness seems like awkward.

大辯若訥(대변약눌)

뛰어난 언변은 마치 어눌한 것 같다.

The greatest eloquence seems like hesitant.

躁勝寒(조승한) 靜勝熱(정승열)

빨리 움직여서 추위를 이기고, 고요히 지냄으로써 더위를 이긴다.

Agitation triumphs over the cold, stillness triumphs over the heated.

淸靜爲(청정위) 天下正(천하정)

조용히 안정을 기하는 것이, 세상을 바르게 하는 모범이다.

Clarity and stillness, bring order to the world.

굽은 나무가 산을 지킨다는 말이 있듯이 45장에서 노자는 모든 인간사와 사물에 대한 판단을 외형만을 보고 판단하지 말 것을 주문하고 있다. 어리석어 보이는 사람, 말이 어눌해 보이는 사람이 오히려 내공이 된 사람일 수 있으며 진실되게 성실히 일을 추진한다는 역설적인 진리를 말해주고 있다.

46장 天下有道(천하유도) 卻走馬以糞(각주마이분)

KNOWING ENOUGH

天下有道(천하유도) 卻走馬以糞(각주마이분)

천하에 도가 있으면, 전쟁에 쓸 파발마를 멈추게 해서 똥 수레를 끌게 하고,

When there is Tao in the world, the military soldier's horse should be put harness to plough in the field,

天下無道(천하무도) 戎馬生於郊(융마생어교)
천하에 도가 없으면, 전차를 끄는 말이 멀리 성 밖 전쟁터로 나간다.
When the world is without Tao, war-horses are propagated in the battle field.

禍莫大(화막대) 於不知足(어부지족)
만족함을 알지 못하는 것보다 더 큰 재앙은 없고,
There is no greater misfortune than not knowing what he has is sufficient,

咎莫大(구막대) 於欲得(어욕득)
더 얻으려고 욕심내는 것보다 더 큰 허물이 없다.
There is no greater fault than greediness to acquire.

故知足之足(고지족지족) 常足矣(상족의)
그러므로 늘 족함에 만족할 줄 알면, 항상 만족스럽다.
Therefore, know that enough is enough, there will always be enough.

46 장에서는 덕을 체득한 도인이 욕망을 초월한 경지를 묘사하고 있다.

47장

不出戶(불출호) 知天下(지천하)
CULTIVATING INNER- KNOWLEDGE

不出戶(불출호) 知天下(지천하)

문 밖으로 나가지 않아도 천하를 알 수 있고,

Without going out of doors, know the world

不窺牖(불규유) 見天道(견천도)

창문으로 내다보지 않아도 천도를 본다.

Without looking through the window, see the Tao in nature.

其出彌遠(기출미원) 其知彌少(기지미소)

밖으로 나가는 거리가 멀지 않아도, 아주 미세한 일까지 알 수 있다.

One may not travel very far, and know very well of the infinitely small particles of things.

是以聖人(시이성인) 不行而知(불행이지)

그래서 성인은 가지 않아도 알고,

Therefore, evolved person knows without going about,

不見以名(불견이명) 不爲以成(불위이성)

보지 않아도 사물의 이름을 알고, 이루려 하지 않아도 이루게 된다.
Recognize without looking, achieve without acting.

47장에서 노자가 靈的(영적)인 체험으로 우주 운행의 법칙과 인간사
등을 감지할 수 있다고 말해 주고 있다. 그래서 전통적인 중국 철학사에
서는 진리를 몸 밖에서 구하지 말라고 말했다. 아인슈타인과 스티븐 호
킹은 모두 머릿속의 영상으로 일반 상대성 이론과 빅뱅 이론의 기본 개
념을 직관했다고 했다.

48장 　爲學日益(위학일익) 爲道日損(위도일손)
THE ART OF NONACTION

爲學日益(위학일익) 爲道日損(위도일손)
학문은 하면 매일매일 늘어 가지만, 도를 닦으면 매일 줄어든다.
To pursue the academic gain advantage day by day, to
pursue the Tao rather loose one's desire day by day.

損之又損(손지우손) 以至於無爲(이지어무위)
줄고 또 줄어서, 더 이상 줄일 수 없는 경지에 이르면 무위의 경
지에 이르는데,
Subtract and subtract again, to arrive at nonaction,

無爲而無不爲(무위이무불위)

꾸미지 않으면 이루지 못할 것이 없다.

Through inaction nothing is left undone.

取天下(취천하) 常以無事(상이무사)

천하를 취하려면 항상 무사하게 해야 하는데,

In order to govern the people, all things should be done in
harmony with the path of Heaven and Earth,

及其有事(급기유사)

무사하지 못하고 일을 억지로 꾸미게 되면,

The moment there are tricks and coercive actions,

不足以取天下(부족이취천하)

천하를 얻는 데는 충분치 못하다.

He should not govern the world.

48장은 유교가 학문 중심의 예학(禮學)을 중시한 것과 상대적으로 노
자는 일체의 관념적 구속에서 벗어나 무위자연의 진리를 강조하는데,
깨달음이 늘수록 인간의 욕망은 줄어든다는 역설을 강조하고 있다. 아
인슈타인은 일정한 나이가 들어선 이후 독서는 오히려 나의 창의성을 떨
어뜨린다고 했다.

49장

聖人無常心(성인무상심) 以百姓心(이백성심)
THE TAO LEADERS GO BEYOND LINEAR THINKING

聖人無常心(성인무상심) 以百姓心(이백성심)

성인은 고정된 마음이 없고, 단지 만백성의 마음을 자신의 마음
으로 삼는다.

Evolved leaders have no fixed mind, they make the people
their mind.

善者吾善之 (선자오선지) 不善者吾亦善之(불선자오역선지)
德善(덕선)

나는 선한 자를 선하다 하고, 선하지 않은 자 역시 선하다고 하
는데, 덕(德)은 선하기 때문이다.

Those who are good I say good; those who are not good I
say good as well, because I put trust in the virtue of good.

信者吾信之(신자오신지) 不信者吾亦信之(불신자오역신지) 德信(덕신)

나는 믿음이 있는 자를 신이라고 하고, 믿음이 없는 자 역시 신
이라고 하는데, 덕은 신이기 때문이다.

Of those who trust I trust; of those who do not trust, I also
trust, because I put virtue in trust.

聖人在天下(성인재천하) 歙歙爲天下渾其心(흡흡위천하혼기심)

성인이 천하를 대하는 태도는, 백성을 분별심 없이 모두 포용해야 하는데,

The evolved leaders in the world, attract the world and merge with people's mind.

百姓皆注其耳目(백성개주기이목) 聖人皆孩之(성인개해지)

백성들 모두가 눈과 귀를 기울여서, 성인은 백성들을 모두 어린 아이와 같이 무지 무욕하게 만든다.

The people all focus their eyes and ears, therefore, evolved leaders make its peoples like infants

어느 날 태조 이성계가 무학대사를 만나서 "오늘 보니 제 눈에는 대사께서 돼지로 보입니다."라고 농을 걸었더니, 무학대사는 "소승의 눈에는 전하가 부처님처럼 보입니다."라고 대답했다. 이성계가 "정말 내가 부처처럼 보입니까?"라고 흐뭇해하며 묻자, 무학대사는 "돼지의 눈에는 돼지밖에 안 보이지요."라고 말했다고 한다. 내가 부처가 되면 모든 것이 부처로 보인다는 진리를 말해 주는 것이다. 여기서 '歙歙(흡흡)'이란 수렴한다는 말이다.

50장

出生入死(출생입사)

THE ART OF SURVIVAL

出生入死(출생입사)

사람은 출생해서 죽음으로 들어가는데,

As soon as a life born into this world should be destined to death,

生之徒(생지도) 十有三(십유삼) 死之徒(사지도) 十有三(십유삼)

낳아서 성숙하는 데 십삼 년은 걸리고, 죽음으로 가는 데도 십삼 년은 걸리는데,

Life has thirteen paths, death has thirteen paths,

人之生 動之(인지생동지) 死地(사지) 亦十有三(역십유삼)

인생에 살아서의 활동은, 사후에도 역시 십삼 년 동안 그대로 지속된다.

Human life arrives at the realm of death also in thirteen moves after death.

夫何故(부하고) 以其生(이기생) 生之厚(생지후)

왜냐하면 그 사람들이 살아서 행한 모든 행적들은, 보이지 않게 차곡차곡 쌓이기 때문이다.

Why is it so? Because the lives they had lived. are to be reprinted unknowingly after death.

蓋聞(개문) 善攝生者(선섭생자) 陸行(육행) 不遇兕虎(불우시호)

내가 듣기로는, 섭생을 잘하는 사람은 육지를 여행해도 외뿔소나 호랑이를 만나는 위험에 빠지지 않고,

Now, as it is well known, those who skilled in attracting life, can travel across the land without endangering themselves into encounter of a rhinoceros or tiger.

入軍(입군) 不被甲兵(불피갑병)

군사의 침입이 있어도 무장한 병사들을 만나지 않는다.

When military comes in, their defense cannot be attacked.

兕無所投其角(시무소투기각) 虎無所措其爪(호무소조기조)

외뿔소가 뿔로 받을 데가 없고, 호랑이가 발톱으로 할퀴어서 상처를 낼 곳도 없으며,

The rhinoceros is without a place to thrust its horn, the tiger is without a place to affix its claw.

兵無所容其刃(병무소용기인)

병사가 그 칼로 벨 상대가 없다.

Military is without a place to admit its blade.

夫何故(부하고) 以其無死地(이기무사지)

왜냐하면, 그에게는 죽음의 자리가 없기 때문이다.

Why is it so? Because they are without the realm of death.

50장은 자신의 인생을 열정적으로 그리고 진지하게 산 사람은 죽음에 대한 공포가 전혀 없으며 죽음이란 단지 차원을 달리하는 삶의 연속이라고 말해 주고 있다. 장자는 죽음에 대해서 "나는 죽음을 가볍게 여기는 것이 아니라 단지 자신의 주위에 늘 안위를 살피고, 刻意(각의)하며 살아간다."라고 했다.

51장

道生之(도생지)

THE TAO CREATES, THE POWER OF ITS CHARACTER

道生之(도생지) 德畜之(덕축지) 物形之(물형지) 勢成之(세성지)
도 만물을 낳고, 덕은 만물을 양육하고, 만물은 형태가 나타나고, 그 질서가 이루어진다.
All actions flow from the Tao, Te(德Character) cultivate them, circumstances complete the order, its influence completes.

是以(시이) 萬物莫不尊道(만물막부존도) 而貴德(이귀덕)
그러므로 만물은 도를 존중하지 않을 수 없고, 덕을 귀하게 여기는 것이다.
Therefore, all things respect the Tao, and value the Te.

道之尊(도지존) 德之貴(덕지귀)

도를 존중하고 덕을 귀하게 여기는 것은,

Respecting the Tao and value the Te,

夫莫之命(부막지명) 以常自然(이상자연)

생각해 보면 누가 시켜서 그렇게 되는 것이 아니라, 늘 그렇게
자연히 되는 것이다.

In fact, no one demands this, and it comes always naturally.

故(고) 道生之(도생지) 德畜之(덕축지)

그래서 그 도가 만물을 낳고, 덕이 이를 키우고,

Therefore, the Tao creates and Te cultivates,

長之(장지) 育之(육지) 亭之(정지) 毒之(독지) 養之(양지) 覆之(복지)

이를 신장하고, 양육하고, 멈추게도 하고, 독을 주기도 하고, 영
양을 공급하고, 보호한다.

It advances, cultivates, comports, matures, nourishes, and
protects.

生而不有(생이불유) 爲而不恃(위이불시) 長而不宰(장이부재)

만물을 낳지만 소유하지 않고, 그렇게 하면서도 뽐내지 않고, 지
배자로 자처하지 않는다.

Produce but do not possess, act without expectation,
advance without dominating.

是謂玄德(시위현덕)

이러한 것을 현묘한 덕이라 한다.

These are called the subtle powers.

　　51장은 10장과 유사한데 道(도)는 만물을 나은 주체요 德(덕)은 만물을 생육하게 하니 귀하다고 말한다. 그러나 道(도)는 만물의 창조자이지만 그걸 자신의 소유로 여기지 않는 무소유의 겸허함을 강조하면서 지도자에게 이와 같은 德(덕)을 권유하고 있다.

52장　　天下有始(천하유시) 以爲天下母(이위천하모)
CULTIVATION OF INSTINCT AND INTUITION

天下有始(천하유시) 以爲天下母(이위천하모)

천지는 시작이 있었는데, 그것을 만물의 어머니라고 한다.

The beginning of the world, may be regarded as the Mother of the world.

既得其母(기득기모) 以知其子(이지기자)

그 어머니를 얻었으니, 또한 그 자식을 알아야 한다.

To apprehend the Mother, know the offspring.

旣知其子(기지기자) 復守其母(부수기모)

그 자녀들을 알고 나서, 또한 어머니를 잘 지키면,

To know the offspring, remain close to the Mother,

沒身不殆(몰신불태)

몸이 다하기까지 위태로움이 없다.

It should not be perilous in himself.

塞其兌(색기태) 閉其門(폐기문) 終身不勤(종신불근)

이목구비를 통한 구멍을 막고, 욕망을 일으키는 문을 닫으면, 몸이 다하기까지 걱정함이 없을 것이다.

Block the passages from outside sense, close the door of concupiscence, we should be diligent and comfortable in work for a lifetime.

開其兌(개기태) 濟其事(제기사) 終身不救(종신불구)

그 구멍을 열어, 일어나는 일에 쫓기다 보면, 종국에 인생은 구제불능으로 되고 만다.

Open the passages, increase the undertakings, in the end, life will be hopeless.

見小曰明(견소왈명) 守柔曰强(수유왈강)

아주 작은 것을 보는 것을 밝음(明)이라 하고, 약한 것을 지키는 것을 강(强)이라 한다.

To perceive the small is called insight, to remain yielding
is called strength.

用其光(용기광) 復歸其明(복귀기명) 無遺身殃(무유신앙)

사람이 영지의 빛을 사용하여, 그 명(明)이 복귀하면, 일신에 재
앙이 남는 일이 없다.

If one uses his brightness inherent, one returns to insight,
life will be free of misfortune.

是謂習常(시위습상)

이것을 상도에 들어간다고 한다.

This is called learning the Infinite.

52장에서는 인간이 육욕에 빠지는 것을 경계하라고 주문하고 있다.
공자는 나이 70에 인생을 깨달았다고 하는 일화가 남아 있다. 인생은 아
홉 개의 구멍을 가지고 태어나는데 두 눈으로 잘 보고, 두 귀로 잘 들으
며, 두 코로 냄새를 맡고, 입으로는 진실된 말을 하고, 두 구멍으로는
배설하는 데 막힘이 없다면 그게 바로 인생을 올바로 사는 것이라고 했다.

53장 使我介然有知(사아개연유지)

COMPREHEND THE ESSENTIAL NATURE
AND WALK THE PATH OF TAO

使我介然有知(사아개연유지) 行於大道(행어대도)

나로 하여금 조그만 무위 자연의 지혜를 깨닫게 해 주면, 큰 도
(道)의 길을 걷게 된다.

If I had the highest wisdom from nature, are would walk
the path of Tao.

惟施是畏(유시시외) 大道甚夷(대도심이) 而民好徑(이민호경)

지도자는 사도(邪道)에 빠지지 않게 경계해야 하는데, 대도는 아
주 평탄하건만, 사람들은 그걸 지나치기를 좋아한다.

The ruler should know of the path with awe, the path of
Tao is simple, yet people take many detours.

朝甚除(조심제) 田甚蕪(전심무) 倉甚虛(창심허)

조정이 너무 거두어들여서, 밭이 아주 황폐하게 되고, 창고가 텅
비게 되어도,

Imposing a heavy duty to the people, leaving their fields
untilled, and their storehouses empty,

服文彩(복문체) 帶利劍(대이검) 厭飲食(염음식) 財貨有餘(재화유여)

화려한 옷을 입고, 날카로운 칼을 차고, 맛있는 음식을 물리도록 먹고, 재화가 남아돌아 간다.

They wear impressive clothes, brandish sharp swords and weapons, foods and drinks are excessive, and wealth and treasure are hoarded.

是謂盜夸(시위도과) 非道也哉(비도야재)

이런 것을 도둑질한 영화라고 하는데, 그것이 어찌 대도라고 할 수 있겠는가?

This is called stealing and exaggeration, and what a vicious deceitful thievery, isn't that so?

53장에서는 타락한 지도자들이 국민들에게 가렴주구(苛斂誅)하며 사치하고 타락하는 정치적 상황을 지적하고 大道(대도)의 길로 다스릴 것을 주문하고 있다. 전 세계 독재자들에게 주는 따끔한 교훈이 아닐까 한다. 여기서 介然(개연)이란 아주 작은 모양을 말한다.

54장　善建者不拔(선건자불발)

ESTABLISHING A UNIVERSAL VIEW

善建者不拔(선건자불발) 善抱者不脫(선포자불탈)

백성들의 의사에 의해서 세워진 지도자는 제거되지 않고, 그가
베푼 덕은 이탈하지 않아서,

What is well founded by righteous way should not be
uprooted; what is well grasped virtue will not slip away.

子孫以祭祀不輟(자손이제사불철)

그 자손들이 끊이지 않고 제사를 지낸다.

Thus is honored for generations.

修之於身(수지어신) 其德乃眞(기덕내진)

일신의 마음을 수련하면 그 덕이 진실해지고,

Cultivate the inner self, its power becomes real,

修之於家(수지어가) 其德乃餘(기덕내여)

가정에 대한 도를 닦고 깨우치면 덕행이 가득하고,

Cultivate the community, its power becomes abundant.

修之於鄕(수지어향) 其德乃長(기덕내장)

마을에 대한 도를 닦고 깨우치면 온 마을에 덕행이 늘어나고,

Cultivate the community, its power becomes greater.

修之於國(수지어방) 其德乃豊(기덕내풍)
나라에 대한 도를 닦고 깨우치면 그 덕행이 넉넉하고 풍성해진다.
Cultivate the country, its power becomes prolific.

修之 於天下(수지어천하) 其德乃普(기덕내보)
천하에 대한 도를 깨우치면 백성들에게 그가 베푸는 덕이 널리
퍼진다.
Cultivate the world, its power becomes universal to the
people.

故以身觀身(고이신관신) 以家觀家(이가관가)
그래서 스스로 체득한 도로 자신을 관찰해야 하고, 남의 가정을
살피듯이 내 가정을 살펴야 하며,
In this way, you should know how the moral virtue is so
important to see your inner-self, know how important to
look into your family as much as to any given family.

以鄕觀鄕(이향관향) 以國觀國(이국관국)
남의 동네를 지켜보는 것처럼 내 동네도 잘 살펴야 하며, 다른
나라의 국가관를 참작해서 올바른 국가관으로 국정을 잘 살펴야,
In recognition of the village community life, it should be
possible to know well the other country life,

以天下觀天下(이천하관천하)

도를 통해서 얻은 천하관으로 천하의 실정을 관찰할 수 있다.

Through the cultivated world view, it should be possible to conceive the world.

吾何以知天下然哉(오하이지천하연재) 以此(이차)

내가 어떻게 천하가 따라 줄지를 아느냐? 이와 같기 때문이다.

How do I know the world to follow? That is because through this (Tao).

54장은 21장과 유사한 면이 있는데 21장이 道(도)에 대한 총론이라면 54장은 각론에 해당한다.

55장 含德之後(함덕지후) 比於赤者(비어적자)
THE POWER IN NOT CONTENDING

含德之厚(함덕지후) 比於赤者(비어적자)

덕을 마음 깊이 간직한 사람은, 마치 어린아이와 비교할 수 있다.

A man with virtue, could be compared with a newborn child.

毒蟲不螫(독충불석) 猛獸不據(맹수불거) 攫鳥不搏(확조불박)
벌이나 뱀도 그를 쏘지 못하고, 맹수도 잡지 못하고, 사나운 새
도 치지 못한다.
Poisonous insects do not sting it, fierce beasts do not
seize it, birds of prey do not strike it.

骨弱筋柔(골약근유) 而握固(이악고)
뼈는 약하고 근육은 부드러우나, 쥐는 손아귀의 힘은 강하다.
Its bone is weak, its muscles are relaxed, and yet its grip is
strong.

未知牝牡之合而全作(미지빈모지합이전작) 精之至也(정지지야)
비록 남녀의 교합을 모르지만 성기가 발기된 것은, 정기가 완전
하기 때문이며,
Unable to know the union of male and female yet its
virility is active.

終日號而不嗄(종일호이불후) 和之至也(화지지야)
어린아이가 하루 종일 울어도 목이 쉬지 않는 것은 음양의 조화
가 완전하기 때문이다.
It can scream all day, yet it does not become hoarse, its
harmony is at its greatest.

知和曰常(지화왈상) 知常曰明(지상왈명)

조화를 아는 것을 참이라 하고, 참을 아는 것을 명이라 한다.

To know harmony is called the Infinite, to know the Infinite is called insight.

益生曰祥(익생왈상) 心使曰强(심사왈강)

억지로 인위적으로 오래 살라고 하는 것은 재앙이고, 마음으로 억지를 쓰는 것을 강하다고 하지만,

To enhance life is called propitious but inauspicious, to be conscious of influence is called strength.

物壯則老(물장즉노) 謂之不道(위지부도)

강한것은 곧 쇄하게 되는데, 이런 것을 소위 도가 균형을 잃었다고 한다.

Things overgrown must decline, this is called Tao of lost balance.

不道早已(부도조이)

도가 균형을 잃으면 곧 끝나 버린다.

Tao of lost balance will soon end.

노자는 無慾(무욕)의 존재를 어린아이에 비유하는데 곧 德(덕)을 가진 인간이다. 55장은 무위자연인 道(도)의 속성을 저버리고 힘과 의지로만 모든 일을 추진하려는 인간의 지나친 탐욕에 대한 경고이면서 만물은 지나치게 강하면 결국 종말을 고한다는 교훈을 주고 있다. 合而全作(합이전작)은 어린아이의 성기가 발기된 것을 말한다.

56장   知者不言(지자불언)

THE POWER OF SILENCE

知者不言(지자불언) 言者不知(언자부지)

진실로 아는 자는 말이 없고, 말하는 자는 알지 못한다.

Those who know do not speak, those who speak do not know.

塞其兌(색기태) 閉其門(폐기문)

욕망의 문(눈, 코, 입, 귀)을 닫으면, 정욕의 문을 닫게 된다.

Block the passages of senses, close the door for sexual urge.

挫其銳(좌기예) 解其粉(해기분) 和其光(화가광) 同其塵(동기진)

그 날카로움을 무디게 하고, 얽힌 마음을 풀며, 조화로움으로 세상에 빛을 발하게 하면, 속세에서도 동일하게 빛을 발한다.

Blunt the sharpness, untangle the problems, balance sunlight and shadows, it should illuminate the secular world.

是謂玄同(시위현동)

이런 것을 도와의 현묘한 합일이라고 한다.

This is called profound, exquisite phenomena congruent to the path of Heaven and Earth.

故不可得而親(고불가득이친) 不可得而疎(불가득이소)

그런데 그 깨달음은 집착한다고 얻을 수 있는 것도 아니며, 소홀히 여긴다고 얻을 것도 아니고,

Therefore, it cannot be gained through attachment; it cannot be gained through detachment,

不可得而利(불가득이이) 不可得以害(불가득이해)

이익을 취한다고 얻을 수 있는 것도 아니며, 불이익을 당한다고 얻는 것도 아니다.

It cannot be gained through advantage; it cannot be gained through disadvantage.

不可得而貴(불가득이귀) 不可得而賤(불가득이천)

귀하게 여긴다고 얻을 수 있는 것도 아니며, 천하게 여긴다고 얻을 수 있는 것도 아니다.

It cannot be gained through esteem; it cannot be gained through humility.

故爲天下貴(고위천하귀)

그러므로 이 세상에서 가장 귀하다.

Therefore, it is the treasure of the world.

56장은 4장과 유사한데, 노자는 여기서 다시 한 번 道(도)의 심오함을 강조하고 있다.

57장   以政治國(이정치국)
THE POWER OF NON-ACTION

以政治國(이정치국) 以奇用兵(이기용병)

정도로 나라를 다스리고, 군사를 동원할 때는 기이한 방법을 쓰지 않으며,

Lead the nation with correctness, military soldiers should be mobilized on a need-to-know basis.

以無事取天下(이무사취천하)

무위 무사로 천하를 지배한다.

Take hold of the world with the casual process of natural truth.

吾何以知其然哉(오하이지기연재) 以此(이차)

내가 그런 것을 어떻게 아는가 하면, 무위 자연의 도에 의존해서 알 수 있다.

How should I know it is so? Through this:

天下多忌諱(천하다기휘) 而民彌貧(이민미빈)

세상에는 규율이 수없이 많은데 백성들은 점점 가난해지고,

Too many prohibitions in the world, and people suffer gradually poor life,

民多利器(민다이기) 國家滋昏(국가자혼)

백성들을 사사로운 도구로 쓰면 나라는 더욱 혼란해진다.

If the leader takes advantage of the people for his personal benefits, the nation grows confused.

人多技巧(인다기교) 奇物滋起(기물자기)

백성에게 기교를 부리면 괴상한 일이 자주 일어나고,

Too much cunning strategy among people, strange things start to happen.

法令滋彰(법영자창) 盜賊多有(도적다유)

법령이 늘어나고 자세히 정비될수록 도둑은 더욱 늘어난다.

The more rules and restrictions, the more criminals emerge.

故聖人云(고성인운)

고로 성인이 말하기를,

Therefore, evolved persons say:

我無爲(아무위) 而民自化(이민자화)

내가 무위자연이면 백성은 자연히 교화되고, 내가 고요한 것을 좋아하면 백성은 스스로 바르게 살아가며,

If the leader does not give orders, people lead themselves; keep a peaceful heart, people achieve harmony,

我無事(아무사) 而民自富(이민자부) 我無慾(아무욕) 而民自樸(이민자박)

내가 사심이 없으면 백성은 자연히 넉넉해지고, 내가 욕심이 없으면 백성은 자연히 순박하게 된다.

Without vicious tricks for selfish interest, people prosper; free from avarice, people enjoy simple and modest life.

57장은 당시 중국 내 수많은 제후국들이 난무해서 한 치 앞을 내다볼 수 없는 미증유의 난세를 비판적인 시각으로 바라보면서 주나라를 등지고 서쪽으로 떠날 때 노자가 제왕들에게 남긴 잠언이라고 볼 수 있다.

58장 　　　　其政悶悶(기정민민)

REMAINING ON THE CENTER

其政悶悶(기정민민) 其民淳淳(기민순순)

지도자가 근심이 있어도 최선을 다하면, 그 백성은 순박해진다.

If the leader devotes utmost himself inspite of anxiety, the people are sincere.

其政察察(기정찰찰) 其民缺缺(기민결결)

정치가 까다로우면, 백성의 순박함은 상실된다.

If the administration is exacting, the people become judgmental.

禍兮福之所倚(화혜복지소의) 福兮禍之所伏(복혜화지소복)

화라는 것은 복이 의지하는 곳이고, 복이란 화가 잠복하고 있는 곳인데,

Misfortune inherent in good fortune, good fortune hides within misfortune,

孰知其極(숙지기극) 其無正(기무정)

그러나 그 깊은 뜻을 누가 알겠는가? 거기에는 정답이 없다.

Who knows what lies beneath the surface? There are no clear answers.

政復爲奇(정복위기) 善復爲妖(선복위요)

정상적이 것이 반대로 비정상이 될 수도 있고, 훌륭하다고 하던 것이 반대로 요상하게 될 수도 있다.

Order can revert to the unusual, good can revert to abnormal,

仁之迷(인지미) 其日固久(기일고구)

인간은 미혹해서, 지금의 일이 오랫동안 갈 것처럼 생각한다.

People have long been confused about causation, and believe it will last for long,

是以聖人(시이성인) 方而不割(방이불할)

그래서 성인은, 자신이 방정하다고 남을 같은 잣대로 단절하지 않고,

Therefore, evolved persons are not judgmental of others as straightforward as he is,

廉而不劌 (렴이불귀) 直而不肆(직이불사) 光而不耀(광이불요)

자신이 청렴하다고 남을 깎아내리지 않으며, 자신이 강직하다고
자기 멋대로 하지 않고, 자신이 영광스러워도 티내지 않는다.

Judge but not judgmental, honest but not act wantonly,
bright but not flamboyant.

58장은 지도자에게 필요한 중후한 덕, 즉 첫째도 겸손, 둘째도 겸손,
셋째도 겸손을 강조하고 있다.

59장 治人事天莫如嗇(치인사천막여색)
PRACTICING DETACHMENT, TRANSCENDING EGO

治人事天莫如嗇(치인사천막여색)

인간을 다스리고 하늘을 섬기는 데는, 자신을 객관화하는 것만
한 게 없다.

In leading people and serving universe, there is nothing
better than detachment.

夫唯嗇(부유색) 是謂早服(시위조복)

생각하건대 오로지 객관화하다는 것은, 일찍이 도에 복귀함을

뜻한다.

Indeed, detachment means transcending ego, by yielding himself early and returning to Tao

早服謂之(조복위지) 重積德(중적덕)

일찍 도에 복귀한다는 것은, 덕을 계속 쌓는 것이라고 한다.

Yielding early to Tao, means building character.

重積德(중적덕) 則無不克(즉무불극)

덕을 계속 쌓아 가면 불가능한 일이 없는 법인데,

With strength of character(virtue), nothing is impossible,

無不克(무불극) 則莫知其極(즉막지기극)

불가능한 일이 없다는 것은 능력의 한계가 없다는 것이다.

When nothing is impossible, one knows no limit.

莫之其極(막지기극) 可以有國(가이유국)

능력의 한계가 없다면 나라를 얻는 것이 가능해지고,

When our heart expands to embrace the impossible, we are able to lead a country with Tao.

有國之母(유국지모) 可以長久(가이장구)

나라를 지탱하는 어머니, 즉 덕은 나라를 오래가게 할 수 있다.

An organization that possesses the Mother, can endure and advance.

是謂深根固柢(시위심근고저) 長生久視之道(장생구시지도)

이런 것을 뿌리가 깊고 바탕이 튼튼하여, 장생불사하는 길이라 한다.

This means deep roots and firm foundation, last long through observation of the Tao.

59장은 58장의 연장선상에서 후덕한 지도자가 만든 국가는 영구하다 는 진리를 갈파하고 있다.

60장 治大國(치대국) 若烹小鮮(약팽소선)
REDIRECTING ENERGY

治大國(치대국) 若烹小鮮(약팽소선)

큰 나라를 다스리는 것은, 마치 작은 생선을 찌는 것과 같이 해야 한다.

Leading a large organization, is like cooking a small fish.

以道莅天下(이도리천하) 其鬼不神(기귀불신)

도로써 천하에 임하면, 귀신이 신통력을 부리지 못한다.

If Tao is present in the world, the ghost/demon could not be holy spirit of a person.

非其鬼不神(비기귀불신) 其神不傷人(기신불상인)

귀신이 신통력을 부리지 못하면, 그 귀신은 사람을 해치지 못한다.

Because non-ghost should not be holy spirit of a person, the ghosts do no harm the people.

非其神不傷人(기기신불상인) 聖人亦不傷人(성인역불상인)

신령한 기운이 없는 귀신은 사람을 해치지 못하는데, 성인 역시 백성을 근심하지 않게 해 준다.

If it should not be the holy spirit, it could not cause harm to the people, likewise Tao leader should not cause harm to the people.

夫兩不相傷(부양불상상) 故德交歸焉(고덕교귀언)

생각해 보면 둘(귀신과 무위자연의 신통력) 다 해치지 않게 되니, 덕행이 국민들에게 쉽게 돌아가게 해 준다.

Since together no harm is done, and the power of virtue returns to the people.

60장은 德(덕)을 갖춘 지도자는 어떤 신통력도 해를 가할 수 없으며 백성들은 태평성대를 누릴 수 있다는 내용이다. 신통력이란 송나라 때 유학자인 주자에 의하면 氣(기)의 변화 과정이므로 음양의 다른 이름에 불과하다고 했다. 여기서 交(교)는 '쉽게'의 뜻이다.

61장

大國者下流(대국자하류)
THE POWER OF MODESTY

大國者下流(대국자하류) 天下之交(천하지교)

대국은 마치 흐르는 강물의 하류와 같이, 천하 만물이 만나는 곳이니,

The great country is like the downstream of a great river,
is to intersect with the world,

天下之牝(천하지빈)

천하의 여성이라고 한다.

It is the female of the world.

牝常以靜勝牡(빈상이정승모) 以靜爲下(이정위하)

牝(빈, 여성)은 늘 고요함으로 牡(모, 남성)을 이기고, 고요함으로써 자신을 낮춘다.

The female always overcomes the male by stillness, through stillness, she makes herself low.

故大國以下小國(고대국이하소국) 則取小國(즉취소국)

그래서 대국은 소국들에게 낮춤으로써 소국들로부터 덕을 보는 것이고,

Thus, if a great country stays lower than the small country, it receives respect from small country,

小國以下大國(소국이하대국) 則取大國(즉취대국)

소국은 대국에게 낮추기 때문에 대국으로부터 덕을 보는 것이다.

Since a small country stay lower than the great country, it receives protection from the great country.

故或下以取(고혹하이취) 或下而取(혹하이취)

그래서 혹은 대국이 자기를 낮추어서 득을 보기도 하지만, 소국이 낮춤어짐으로 득을 보기도 한다.

Therefore, one receives by becoming low; another receives by being low.

大國不過欲(대국불과욕) 兼畜人(겸축인)

그래서 대국이 욕심을 부리지 않고, 백성을 잘 봉양하길 원하고,

The great country desires to unite and support the people,

小國不過欲(소국불과욕) 入事人(입사인)

소국도 욕심을 부리지 않고, 백성을 돌보는 데 몰입하려고 한다.

And the small country also desires to join the nation and serve the people.

夫兩者各得其所欲(부양자각득이소욕)

그러므로 양자가 각기 그들이 원하는 것을 얻으려면,

So, for both to gain the optimal outcome they want,

大者宜爲下(대자의위하)

대국이 마땅히 겸허해야 한다.

The great country should place itself low.

61장은 춘추시대를 돌아보며 군주들에게 좋은 정치란 무엇인가를 일깨워 주었다. 그 덕분에 전국시대로 접어들면서 제자백가와 같은 쟁쟁한 사상가들이 등장하고 중국문명은 최고 전성기를 맞이하였다.

62장

道者(도자) 萬物之奧(만물지오)
THE TAO IS THE SOURCE OF TEN THOUSAND THINGS

道者(도자) 萬物之奧(만물지오)

도는 만물의 근원이다.

The Tao is the source of thousands of things.

善人之寶(선인지보) 不善人所保(불선인소보)

선한 사람에게는 보배이고, 선하지 않은 사람은 그저 지니고 있는 것이다.

The good person's treasure, the lesser one's salvation.

美言可以市尊(미언가이시존) 善行可以加人(선행가이가인)

훌륭한 말은 존경받아서 퍼져 나갈 만하고, 진실한 행동은 사람을 이롭게 해 주는데,

Honor can be brought with fine words; good conducts bring everyone's personal growth.

人之不善(인지불선) 何棄之有(하기지유)

선하지 못한 사람이라고, 어찌 외면만 보고 버릴 수 있겠느냐?

If some are not good, how waste them?

故立天子(고입천자) 置三公(치삼공)

그러므로 천자를 세워서 3공을 둘 때는,

In this way, when the emperor is established, the three officials are installed.

雖有拱璧(수유공벽) 以先駟馬(이선사마)

비록 옥띠를 두르고, 네 마리가 끄는 수레를 앞세우고 있어도,

And although with the large jade disc, is preceded by four horse chariots,

不如坐進(불여좌진) 此道(차도)

앉아서 이 도를 나아가게 하는 것만 못하다.

This is not as good as sitting, advancing in the Tao.

故之所以貴此道者何(고지소이귀차도자하)?

그래서 옛부터 이러한 도를 중히 여기라 한 것이 아니겠는가?

Isn't it the reason why treasure Tao in ancient times?

不曰以求得(부왈이구득) 有罪以免邪(유죄이면사)

구하면 얻고, 죄가 있으면 면한다고 하지 않았느냐?

Didn't they say seek it and it is attained; possess faults and they are released?

故爲天下貴(고위천하귀)

그래서 도는 천하에 가장 소중한 것이라고 하는 것이다.

Therefore, it is called the treasure of the world.

　62장에서 道(도)란 가장 깊숙한 곳에 감추어져 있는 것인데, 선한 사람에게는 보배이면서 또한 선하지 않은 사람에게도 보배라고 말하면서 심지어 죄인까지도 용서하는 道(도)의 무차별성을 강조하고 있다.

63장　　爲無爲(위무위) 事無事(사무사)
THE PATH OF LEAST RESISTANCE

爲無爲(위무위) 事無事(사무사)

거짓 없이 다스리고, 일을 해도 자랑하지 말며,

All things should be produced true to nature, work without savoring,

味無味(미무미) 大小多少(대소다소)

성취하고자 하는 욕심이 없는 마음을 갖고, 작은 것을 관심 있게 확대해 보며 부족한 것을 늘리고,

Natural tendency should be without greed, magnify the small, increase the few,

報怨以德(보원이덕)

원한을 덕으로 보답한다.

Repay ill-will with the virtue.

圖難於其易(도난어기이) 爲大於其細(위대어기세)

어려운 일은 반드시 쉬울 때 도모하고, 큰일을 사소할 때부터 도모하라!

Plan the difficult when it is easy, handle the big where it is small.

天下難事(천하난사) 必作於易(필작어이)

천하의 어려운 일은 반드시 쉬운 데서 일어나고,

The world's hardest work, begins when it was easy,

是以聖人(시이성인) 終不爲大(종불위대)

그래서 성인은 결코 끝까지 위대해지려고 하지 않는다.

Therefore, evolved persons have no ambition for the greatness,

故能成其大(고성능기대)

그렇기 때문에 큰 일을 성취할 수 있는 것이다.

And in that way the great thing is achieved.

夫輕諾必寡信(부경낙필과신) 多易必多難(다이필다난)

대체로 쉽게 승낙한 것은 필히 신뢰도가 낮고, 쉬운 것이 많으면 필히 어려운 문제가 따르기 마련이다.

Those who commit easily inspire little trust, too much easiness should be accompanied by harsh troubles.

是以聖人(시이성인) 猶難之(유난지)

그래서 성인은, 오히려 어렵다고 보는 것이다.

Therefore, evolved persons view all as difficult.

故終無難矣(고종무난의)

고로 실제로는 어려움을 겪지 않는다.

For this reason, they actually have no harsh problems in the end.

『시경』에는 "만사에 두려워하고 삼가기를 못가에 서 있듯 얇은 얼음을 밟고 가듯 하라."고 했다. 63장은 노자의 인생철학을 집대성한 구절로 만사에 큰일을 벌이려고 만용을 부리지 말 것과 사소한 일이라고 결코 경솔하게 다루지 말라고 당부한다. 초고속 시대의 현대인들에게 주는 경고가 아닐까?

64장

其安易持(기안이지)

FINDING STEPPING STONES

其安易持(기안이지) 其未兆易謀(기미조이모)

안정된 것은 유지하기 쉽고, 조짐이 나타나지 않은 것은 도모하기 쉬우며,

What is at rest is easy to hold, what is not yet begun is easy to plan,

其脆易泮(기취이반) 其微易散(기미이산)

무른 것은 녹이기 쉽고, 미세한 것은 흐트러지기 쉽다.

What is fragile is easy to melt, what is minute is easy to disperse.

爲之於未有(위지어미유) 治之於未亂(치지어미란)

일은 발생하기 전에 처리하고, 지도자는 나라가 어지럽기 전에 잘 다스린다.

Deal with things before they emerge, leaders should put the country in order before turmoil kicks in.

合抱之木(합포지목) 生於毫末(생어호말)

한 아름 되는 나무도, 연한 치묘에서 생기고,

A tree that grows beyond you reach, spring from a tiny seed,

九層之臺(구층지대) 起於累土(기어누토)

높은 누대도 흙을 거듭 쌓아서 세워지며,

A tower of nine stories, is raised from a small mound of earth.

千里之行(천리지행) 始於足下(시어족하)

천 리 길도, 한 걸음에서 시작된다.

A journey of thousand miles begins with a single step.

爲者敗之(위자패지) 執者失之(집자실지)

일을 억지로 꾸며서 하는 자는 실패하고, 잡으려는 자는 잃는다.

Those who act willingly on things would fail, those who seize them would lose.

是以聖人(시이성인) 無爲(무위) 故無敗(고무패)

無執故無失(무집고무실)

그래서 성인은 거짓으로 행하지 않아서 실패하지 않고, 집착함이 없으니 잃지 않는다.

Therefore, wise masters do not use false tricks, hence they lose nothing.

民之從事(민지종사) 常於幾成(상어기성) 而敗之(이패지)

백성을 동원해서 일을 하다가, 업적을 다 이루게 되어 가다가 실패한다.

Those who mobilize the people for building things, often spoil at the end stage before completion and fall apart.

慎終如始(신종여시) 則無敗事(즉무패사)

그러나 조심하기를 처음 시작할 때처럼 하면 하니, 일에 실패할 수가 없다.

However, with care at the end as well as the beginning, there is no failure.

是以聖人(시이성인) 欲不欲(욕불욕)

그래서 성인은 욕심을 부리지 않기를 원하고,

Therefore, the Tao leader desire to be desireless,

不貴亂得之貨(불귀난득지화) 學不學(학불학)

얻기 힘든 재화를 귀하게 여기지 않으며, 백성이 배우지 못한 것을 가르쳐 주며,

And do not treasure goods that are hard to get, they teach the people who do not have knowledge,

復衆人之所過(복중인지소과)

그래서 대중의 잘못된 것을 회복하게 해 준다.

Thus, returning to the place where the collective mind passes.

以輔萬物之自然(이보만물지자연) 以不敢爲(이불감위)

만사가 자연 그대로 지탱되도록 도우면서, 감히 거짓을 행하지
않는다.

In this way, they guide all things naturally go around,
without venturing to act.

    64장은 63장과 더불어 국민을 혹사시키지 말 것을 당부하며 국가의
기강을 바로 세우는 데 지도자가 먼저 검약할 것을 주문하고 있다. 道人
(도인)의 경지란 자신의 욕망이 안팎으로 비어 있을 때를 말한다.

65장   古之善爲道者(고지선위도자)

TOO MUCH CLEVERNESS UNDERMINES GROUP HARMONY

古之善爲道者(고지선위도자) 非以明民(비이명민)

옛날에 도를 터득한 자는 백성을 총명하게 하려 하지 않고,

The ancient leaders who followed the Tao, do not give
people elaborate strategies.

將以愚之(장이우지)

오로지 도로써 우직하게 다스렸다.

They held to simple practice.

民之難治以(민지난치이) 其智多(기지다)
백성을 다스리기가 힘든 것은, 그들이 지혜가 너무 많기 때문이다.
People are difficult to lead, because they are too clever.

故以智治國(고이지치국) 國之賊(국지적)
그러므로 지혜로써 나라를 다스리는 것은 나라에 해가 되고,
Therefore, to lead the country with cleverness, will harm the country,

不以智治國(불이지치국) 國之福(국지복)
계략으로 나라를 다스리지 않는 것은 오히려 나라가 복을 받게 되기 때문이다.
To lead the country without cleverness, will benefit the country.

知此兩者(지차양자) 赤稽式(역계식)
그런데 이 두 가지를 깨우친 사람은 오직 이 제도를 잘 이해하고,
Those who knows these two things, have investigated the pattern of the Infinite,

常知稽式(상지계식) 是謂玄德(시위현덕)

이 법도를 잘 알고 활용하는 것, 이를 지극한 덕행이라고 한다.

To know and investigate the pattern, is called the profound and primordial virtue of good.

玄德深矣遠矣(현덕심의원의)

이런 심오한 덕행이란 참으로 심오하고 멀어서,

This primordial virtue of good is profound and far-reaching,

與物反矣(여물반의) 然後(연후) 乃至大順(내지대순)

세속의 가치와는 반대이지만, 그런 후에야 도에 따른 질서에 이르게 된다.

It looks contrary to the secular moral value, yet it should return to Tao.

65장은 지도자가 너무 잔재주를 부리면 국민은 오히려 순수함을 잃고 교활한 농간만이 판을 치게 된다는 노자의 반지성적, 반체제적인 세계관을 논술한 것이다.

66장 江海所以能爲百谷王者(강해소이능위백곡왕자)

THE POWER IN HUMILITY

江海所以能爲百谷王者(강해소이능위백곡왕자)

강과 바다가 백개 계곡의 지배자가 되는 것은,

The river and seas lead the hundred streams like a ruler,

以其善下之(이기선하지)

낮은 데에 있어서 겸손하기 때문이다.

Because they are positioned by the downstream of rivers and ocean.

故能爲百谷王(고능위백곡왕)

그래서 강이나 바다는 온갖 계곡의 왕이 될 수 있는 것이다.

In this reason, river and ocean could be regarded as a king of hundred valleys.

是以欲上民 (시이욕상민) 必以言下之(필이언하지)

그래서 백성 위에 있고자 한다면, 자신을 반드시 낮추는 것이 필요하다.

Therefore, to rise above people, one must, in speaking, stay below them.

欲先民(욕선민) 必以身後之(필이신후지)

백성들의 선구자가 되기를 원한다면, 필히 자신의 몸을 백성들 뒤에 두어야 한다.

To be a forerunner of the people, one must put oneself behind them.

是以聖人處上(시이성인처상) 而民不重(이민부중)

그래야 성인은 높은 자리에 거해도, 백성들에게 짐이 되지 않는다.

Therefore, evolved persons remain above, and yet people are not weight down.

處前而民不害(처전이민불해)

성인이 앞에 자리 잡아도 백성들이 해를 가하지 않는다.

Even though they remain in front and the people are not held back.

是以天下樂推(시이천하락추) 而不厭(이불염)

그래서 천하가 그를 추대하기를 즐거워하며, 싫어하지 않는 것이다.

Therefore, they are willing to elect them, and yet it does not dislike them.

以其不爭(이기부쟁) 故天下莫能與之爭(고천하막능여지쟁)

그래서 아무하고도 언쟁하지 않으니, 천하에 그와 다툴 사람이
아무도 없다.

Because they do not compete, the world cannot argue
with them.

66장은 58,59장의 연속선상에서 해석되어야 할 것이다. 여기서 글
(언)은 나 자신을 말한다.

67장 天下皆謂(천하개위) 我道大(아도대) 似不肖(사불초)
COMPASSION TRIUMPS OVER ADVERSITY

天下皆謂(천하개위) 我道大(아도대) 似不肖(사불초)
세상 사람들은 대부분, 나의 도는 크지만 어리석은 것 같다고 말
하는데,

All the people think that, my Tao is great, and yet it seems
inconceivable,

夫唯大故似不肖(부유대고사불초) 若肖久矣(약초구의)
대저 도가 오직 크다고 해서 불초한 것인데, 그러나 그렇게 보일
수밖에 없다.

Only its greatness makes it seem inconceivable, but proceeds forward forever.

其細也(기세야)

그 형상이 아주 미세하기 때문이다.

That is because Its image is extremely fine and subtle.

夫我有三寶持而保之(부아유삼보지이보지)

나에게는 세 가지 보배가 있는데 잘 간직하여 이를 보배로 삼는다.

I am endowed with three treasures which should be carefully stored and kept securely.

一曰慈(일왈자) 二曰儉(이왈검) 三曰不敢爲天下先(삼왈불감위천하선)

첫째는 자비요, 둘째는 검소함이요, 셋째는 감히 천하에 앞장서지 않는 것이다.

The first, it says, full of compassion, the second is to be frugal, the third is daring not to be first in the world.

慈故能勇(자고능용) 儉故能廣(검고능광)

자비함으로 능히 용기가 있으며, 검소함으로 능히 널리 베풀 수 있고,

With compassion one becomes courageous, with moderation one becomes expansive,

不敢爲天下先(불감위천하선) 故能成器長(고능성기장)

감히 천하의 앞장이 되려 하지 않으니, 고로 능히 어떤 기관의 장이 된다.

In daring not to be first in the world, one may become the leader of an organization,

今舍慈且勇(금사자차용) 舍儉且廣(사검차광) 舍後且先(사후차선)

그런데 요즘 사람들은 자비를 버리고도 용감하려고 하고, 검소를 버리고도 널리 베풀려고 하며, 뒤에서 따르지 않으면서 앞장 서려고 하는데,

Now if one is courageous without compassion, expansive without moderation, and remain in the front without following others.

死矣(사의)

그러면 죽는 것이다.

One is doomed to die.

夫慈(부자) 以戰則勝(이전즉승) 以守則固(이수즉고)

그래서 자비는, 언제나 싸워서 이기고, 수비를 잘해서 견고하게 된다.

Thus compassion, always triumphs when attacked, and it brings solid security when maintained.

天將救之(천장구지) 以慈衛之(이자위지)

하늘이 장차 그 사람을 구하려고 하고, 자비로써 그를 막아 주려고 한다.

Nature aids its leaders who embraces the people, by arming with compassion.

67장은 慈悲(자비)를 강조하고 있는데 지도자는 자비와 검소함 그리고 만사에 앞장서서 국민을 동원하고 호도하지 않으면 나라 살림이 평화롭게 잘 운영된다는 교훈이다.

68장 善爲士者不武(선위사자불무)
NONAGRESSIVE STRENGTH

善爲士者不武(선위사자불무)

내공이 잘된 지도자는 무기를 가지고 위협하지 않으며,

An evolved leader does not intimidate others with weapons,

善戰者不怒(선전자불노)

정말로 잘 싸우는 자는 화내지 않으며,

A skillful fighter does not feel anger,

善勝敵者不與(선승적자불여)
진실로 적을 이기는 자는 적과 맞붙지 않으며,
A skillful master does not engage the opponent,

善用人者(선용인자) 爲之下(위지하)
사람을 잘 부리는 자는 그 사람의 아래에 자신을 둔다.
A skillful employer remains low.

是謂不爭之德(시위부쟁지덕)
이와 같은 것을 부쟁의 덕이라 한다.
This is called the power in not contending.

是謂用人之力(시위용인지력)
이를 이르러 남의 힘을 잘 이용하는 것이라 하며,
This is called the strength to employ others.

是謂配天(시이배천) 古之極(고지극)
이것을 천리에 합한다고 하며 예부터 지극한 도라고 한다.
This is called the highest emulation of nature.

68장은 전쟁을 가급적 피하고 어느 곳에서나 자신을 낮은 곳에 두는 겸손함을 실천하면 그게 곧 지극한 道(도)와 합일하는 것이라고 한다. 『손자병법』「謀攻篇(모공편)」에는 知彼知己(지피지기: 적을 알고 나를 알면) 백 전백승이라고 했으며, 不戰而 屈人之兵 善之善者也(부전이 굴인지병 선지 선자야: 싸우지 않고 적을 굴복시키는 것이 최선이다)라고 했다.

69장   用兵有言(용병유언)

THE SECRET OF MILITARY MANUVER

用兵有言(용병유언)

병법에 이런 말이 있다.

The strategists have a saying:

吾不敢爲主(오불감위주) 而爲客(이위객)

나는 감히 주가 되지 않고, 객이 되며,

I dare not act as a host, yet act as a guest.

不敢進村(불감진촌) 而退尺(이퇴척)

한 동네도 쳐들어가지 않으면서, 적을 멀리 물리칠 수 있다.

I dare not advance an inch, yet I retreat a foot.

是謂行無行(시위행무행)

이런 것을 쳐들어가지 않고 얻은 공적이라고 한다.

This is traveling without moving.

攘無譬(양무비) 仍無敵(잉무적)

완력을 쓰지 않고 물리치는 것이고, 대적함이 없이 끝내는 것이며,

Destroy without arm-strong, bring about victory without attack,

執無兵(집무병)

전쟁이 없이 지키는 것이다.

This is called capturing without mobilizing soldiers,

禍莫大於輕敵(화막대어경적)

막대한 화를 입는 것은 적을 우습게 보는 데서 오는 것이다.

No misfortune is greater than underestimating resistance.

輕敵幾喪吾寶(경적기상오보)

대적해서 싸우면 반드시 내가 소중히 여기는 것을 잃게 된다.

Underestimating resistance will destroy my treasures

故抗兵相加(고항병상가) 哀者勝矣(애자승의)

그래서 군사를 동원해서 서로 공격을 해도, 전쟁의 비애를 느끼

는 자가 이긴다.

Therefore, when mutually opposing strategies escalate, the one who feels sorrow will triumph.

69장은 서로에게 상처를 주고 죽이는 참담한 전쟁에 대한 깊은 통찰이다. 여기서 喪(상)은 '잃는다'의 뜻이다.

70장 吾言甚易知(오언심이지) 甚易行(심이행)
CREATING HARMONY

吾言甚易知(오언심이지) 甚易行(심이행)

나의 말은 아주 알기 쉽고, 실행하기도 쉬운데,

My words are very easy to know, easy to practice,

天下莫能知(천하막능지) 莫能行(막능행)

천하에 잘 아는 자도 없고, 행하는 자도 없다.

Yet few under Heaven know, or practice them.

言有宗(언유종) 事有君(사유군)

내 말에는 근본 이치가 들어 있고, 일에는 흔들리지 않는 위엄이

있거늘,

My word reveals eternal principles, my efforts have enduring mastery,

夫唯無知(부유무지) 是以不我知(시이불아지)

도대체 이를 이해하지를 못하니, 그래서 나를 알지 못한다.

Indeed, since none understand this, therefore, they do not know me.

知我者希(지아자희) 則我自貴(즉아자귀)

나를 아는 자도 드물고, 나를 따르려는 자도 드문지라,

It should be rare to know what I am, and also rare who want to follow me,

是以聖人(시이성인) 被褐(피갈) 懷玉(회옥)

그러므로 성인은 겉으로는 천한 옷을 걸치고, 마음속에는 귀한 구슬을 간직하고 있다.

Therefore, evolved person wears a common clothing, and keep precious jade in their heart.

70장은 노자의 위대한 심성철학을 이해하지 못하는 치정자들에게 회의를 느끼며 세상을 등지고 어디론가 떠나가는 착잡한 심정을 시로 읊은 것이다.

71장

知不知上(지부지상)

ADMITTING YOU DON'T KNOW IS THE SUPREME STRENGTH

知不知上(지부지상) 不知知病(부지지병)

자신이 모른다는 것을 아는 것이 최상이고, 알지 못하면서도 안다고 하는 것은 병이다.

To know that you do not know is best, to not know of knowing is a disease.

夫唯病病(부유병병) 是以不病(시이불병)

생각건대 그저 모르는 것을 병으로 생각하니, 그건 더 이상 병이 아니다.

Indeed, those who admit mistakes, they are free of the disease.

聖人不病(성인불명) 以其病病(이기병병)

성인에게는 병이 없는데, 그것을 병으로 생각하기 때문이다.

Evolved persons are free of the disease, because regard ignorance as disease.

是以不病(시이불병)

그래서 병이 없이 사는 것이다.

This is the way to be free of disease.

71장에서 성인은 모르는 것은 당연히 모른다고 하지만, 아는 것도 모른다고 하는 것이 최상이라고 하는데, 이 말은 공자의 사상과 배치되는 내용이다. 여기서 노자가 말하는 앎이란 것은 모름을 전제로 하기 때문에 우리가 모른다고 말할 때 알기 위해 노력하고 진리에 다가갈 수 있다는 말이다.

72장 民不畏威(민불외위)

KNOWING YOURSELF: GAINING GREATER PERSPECTIVE

民不畏威(민불외위) 則大威至(즉대위지)
백성들이 통치자의 권위를 두려워하지 않으면, 거기에는 가장 무서운 형벌이 찾아온다.
If the people do not fear authority, serious trouble follows.

無狎其所居(무압기소거) 無厭其所生(무염기소생)
지도자는 백성이 사는 것을 쥐어짜지 말고, 그들의 삶을 괴롭히지 말아야 하는 법이다.
The ruler should not suppress people's life, let their lives alone.

夫唯不厭(부유불염) 是以不厭(시이불염)

생각해 보면 백성들이 자신의 삶을 괴롭다고 생각하지 않으면,

비로소 백성은 지도자를 추대하게 되는 것이다.

If people feel like not to be distressed by the ruler, they should feel close to him and respect.

是以聖人自知(시이성인자지) 不自見(부자견)

그래서 성인은 자신이 밝은 지혜를 가지고 있지만, 스스로 그것을 밖으로 드러내지 않고,

Therefore, evolved persons know themselves, but do not display themselves,

自愛(자애) 不自貴(부자귀)

자신의 몸을 아끼면서도, 스스로 자신을 높이지 않는다.

They love themselves, but do not treasure themselves.

故去彼取此(고거피취차)

그러므로 나와 남을 구별하는 개념을 없애 버린다.

Hence, they try to get rid of the conception between myself and others.

72장은 폭정으로 국민들의 불만이 최고조에 달한 당시의 정치 상황을 묘사한 것으로, 국민이 지도자의 권위를 무서워하지 않는다는 것은 곧 한 왕조의 종말이 가까워지고 있음을 암시한 것이다.

73장 　　　勇於敢則殺(용어감즉살)
NATURE'S WAY OF GOVERNANCE

勇於敢則殺(용어감즉살) 勇於不敢則活(용어불감즉활)
주저 없이 일을 감행하는 용맹자는 제명을 못살고, 용기 있게 감행하지 않는 자는 제명을 산다.
Those who bold in daring will die, those who bold in not daring will survive.

此兩者(차양자) 或利或害(혹이혹해)
이 양자는 모두 용기로되, 하나는 용기를 통해 이로운 결과를 낳고, 또 하나는 해로운 결과를 낳기도한다.
Of these two, either may benefit or harm.

天之所惡(천지소오) 孰知其故(숙지기고)
하늘이 미워하는 바를, 그 누가 까닭을 알겠는가?

Nature decides which is evil, but who can know why?

是以聖人(시이성인) 猶難之(유난지)

그래서 성인은 오히려 어렵다고 본다.

Therefore, evolved persons regard this as difficult.

天之道(천지도) 不爭而善勝(부쟁이선승)

하늘의 도는 싸우지 않아도 잘 이기고,

The Tao in nature, does not contend, yet skillfully triumphs.

不言而善應(불언이선응) 不召而自來(불초이자래)

법령이 없어도 잘 따르고, 부르지 않아도 저절로 온다.

People follow without harsh law, and yet it goes well by itself as always.

禪然而善謀(선연이선모)

도는 서서히 만사를 올바르게 하니 만사를 잘 도모한다.

Make things right, and skillfully designs.

天網恢恢(천망회회) 疎而不失(소이불실)

자연의 법망은 넓디넓어서, 성기어 보이지만 놓치는 것이 없다.

Nature's network is so vast, its mesh is coarse, yet nothing slips through.

73장에서 인상적인 것은 天網恢恢(천망회회)인데 이 세상에는 法網(법망), 漁網(어망), 天網(천망)의 세 가지 網(망)이 있다는 것이다. 그런데 세상에서 법망과 어망은 피해 갈 수 있으나 천망은 성깃성깃하지만 아무도 피해 갈 수 없다고 말한다. 여기서 禪然(선연)이란 자연 그대로의 모습이다.

74장　　　　　　　　　　民不畏死(민불외사)

WHAT IF THE PEOPLE ARE NOT AFRAID OF DEATH?

民不畏死(민불외사) 奈何以死懼之(내하이사구지)

백성들이 학정으로 인해서 죽음조차 두려워하지 않는다면, 어떻게 죽음으로 그들을 두렵게 할 수 있겠는가?

What if the people are not afraid of death because of tyranny, how is it possible making them afraid of being died?

若使民常畏死(약사민상외사) 而爲奇者(이위기자)

만약 백성들이 평화로운 시기에 늘 죽음을 두려워한다면, 사악한 짓을 하는 자가 있다는 것인데,

If the people virtually to be dreadful of death in peaceful time, it should be exceptionally vicious thing to the ruler.

吾得執而殺之(오득집이살지) 孰敢(숙감)

내가 나라를 통치하게 되면 잡아서 죽일 수 있다 한들, 감히 누가 이를 감행할 것인가?

If I hold power as a ruler, who would dare seize them and put them to death?

常有司殺者殺(상유사살자살) 夫代司殺者殺(부대사살자살)

항상 사직을 맡은 자가 하늘에 계셔서 죽여야 하는데, 하느님을 대신하여 사람을 죽이면 그를 망하게 한다.

There is always the master executioner who kills in the heaven; therefore, if the official killer kills peoples on behalf of the master executioner, it kills the official killer instead.

是謂代大匠斲(시위대대장착)

이는 훌륭한 목수가 깎는 것을 서투른 목수로 바꾼다는 것을 의미하는데,

It is like substituting for the master carpenter who carves,

夫代大匠斲者(대부대장착자) 希有不傷其手矣(희유불상기수의)

생각해 보건대 서투른 목수로 바꾼다는 것은, 그의 손을 다치지 않은 법이 거의 없다.

In retrospect, whoever substitutes for the master carpenter in carving, rarely escape injury to his hands.

74장은 73장에서 天網恢恢(천망회회: 자연의 넓디넓은 법망)를 확대 해석한 것으로 형벌을 남용하는 지도자에 대한 준엄한 경고라고 할 수 있다.

75장 民之饑(민지기) 以其上食稅之多(이기상식세지다)
THOSE WHO WOULD GOVERN WISELY, MUST FIRST RESPECT LIFE.

民之饑(민지기) 以其上食稅之多(이기상식세지다)
백성들이 굶주리는 것은, 그 위에서 세금을 많이 받아먹기 때문이다.
People are hungry, because those above consume too much in taxes.

是以饑(시이기)
그러므로 굶주리는 것이다.
People are hungry.

民之難治(민지난치) 以其上之有爲(이기상지유위)
백성들을 다스리기 어려운 것은, 윗사람들이 너무 허위를 조작하기 때문이다.
People are difficult to lead, because those above manipulate with the people.

是以難治(시이난치)

그러므로 다스리기 힘든 것이다.

People are difficult to lead.

民之輕死(민지경사) 以其求生之厚(이기구생지후)

백성들이 죽음을 가벼이 여기는 것은, 그들의 삶을 추구하기가

힘들기 때문이다.

People might be accustomed to be killed with disdain,
because those above impose inordinate burdens to
peoples and make the livelihood of the people extremely
difficult.

是以輕死(시이경사)

그러므로 죽음을 가벼이 여기는 것이다.

People make light of death.

夫唯無以生爲者(부유무이생위자) 是賢於貴生(시현어귀생)

대저 자신의 삶에 거짓이 없는 지도자는, 자신의 생명을 귀하게

여기며 거짓을 행하는 지도자보다 낫다.

Indeed, it is those who do not lie with their own lives,
would rather govern wisely than those who lie in order to
cherish their own lives.

「덕경」의 후편으로 갈수록 노자는 좀 더 구체적으로 부패한 권력자들이 국민을 가렴주구와 권모술수로 다스릴 때 백성들은 죽음까지도 두려워하지 않는다고 경고한다.

76장   人之生也柔弱(인지생야유약)
THE POWER IN FLEXIBILITY

人之生也柔弱(인지생야유약) 其死也堅强(기사야견강)
사람이 날 적에는 몸이 부드럽고 연약하지만, 죽으면 몸이 굳어져 단단하고 뻣뻣해진다.
We begin life gentle and yielding, at death we are rigid and inflexible.

萬物草木之生也柔脆(만물초목지생야유취) 其死也枯槁(기사야고고)
모든 초목들도 살아 있을 때는 부드럽고 연한데, 죽으면 마르고 딱딱해진다.
All things, including trees are green and supple, in death they are sere and rigid.

故堅强者死之徒(고견강자사지도) 柔弱者生之徒(유약자생지도)
고로 딱딱하고 강한 자들은 죽음의 무리요, 부드럽고 연약한 자들은 삶의 무리다.

Therefore, those are firm and inflexible belong to death, the gentle and yielding are filled with life.

是以兵强則不勝(시이병강즉불승) 木强則兵(목강즉병)

그래서 강력한 군사력으로만 이길 수 없고, 나무도 강하지만 도끼에 찍히는 법이다.

Therefore, the inflexible plan cannot succeed, likewise the tree will break.

强大處下(강대처하) 柔弱處上(유약처상)

강대한 부분은 아래에 있고, 유약한 부분은 위에 있는 것이다.

The position of the inflexible descends, the position of the yielding ascends.

───────

76장은 43장의 至柔(지유: 물과 같이 약한 것)는 至堅(지견: 견고한 것)을 이긴다는 것을 강조하고있다.

77장

天之道(천지도) 其猶張弓與(기유장궁여)

TRANSCENDING THE EGO

天之道(천지도) 其猶張弓與(기유장궁여)

하늘의 도는 그것이 마치 활을 당기는 것과 같아서,

The Tao in nature is like a bow that is stretched,

高者抑之(고자억지) 下者擧之(하자거지)

높은 곳은 아래로 누르고, 낮은 곳은 들어 올리고,

The top is pulled down, the bottom is raised up,

有餘者損之(유여자손지) 不足者補之(부족자보지)

남는 것은 덜어 주고, 모자라는 것은 보태 준다.

What is excessive is reduced, what is insufficient is supplemented.

天之道(천지도) 損有餘(손유여) 而補不足(이보부족)

하늘의 도는 이렇게 남는 것을 덜어서 모자라는 것을 채워 주는데,

The Tao in nature, reduces the excessive, and supplements the insufficient.

人之道則不然(인지도즉불연) 損不足(손부족) 以奉有餘(이봉유여)

인간의 마음은 그렇지 못해서, 부족한 데서 뺏어다가 넘치는 사

람에게 보태 주는 그런 짓을 하고 있는 것이다.

However, the Tao in Man is not so; he reduces the insufficient and serves the rich.

孰能有餘(숙능유여) 以奉天下(이봉천하)

그럼 과연 누가 남는 것을, 모자라는 백성들께 보태 줄 수 있을까?

Who then can use excess, to serve the needy peoples?

唯有道者(유유도자)

오직 도를 구현한 자만이 그렇게 할 수 있다.

Only those who possess the Tao.

是以聖人 (시이성인) 爲以不恃(위이불시)

그래서 성인은 일을 성취하되 대가를 기대하지 않고,

Therefore, evolved persons, act without attachment,

功成而不處(공성이불처)

공이 이루워져도 그 속에서 안주하지 않고,

Achieve, but does not take credit.

其不欲見賢(기불욕현현)

자신의 슬기로움을 밖으로 드러내지 않는다.

And have no desire to display their excellence.

77장은 75장을 확대 해석한 것으로, 세상이 불평등한 원인을 인간의 탐욕으로 인한 윤리적인 타락이라고 말하고 그걸 해결해 줄 수 있는 사람은 오로지 도를 터득한 성인이라고 말한다. 토마스 홉스는 사회를 만인의 만인에 대한 투쟁으로 규정했는데, 현대 자본주의 사회의 병폐인 불평등과 빈부의 차이는 약자를 착취하는 탐욕의 산물이 아닐까?

78장　　天下莫柔若於水(천하막유약어수)
THE TRUTH IS OFTEN PARADOXICAL

天下莫柔若於水(천하막유약어수)

천하에 물보다 더 부드럽고 연약한 것은 없다.

Nothing in the world is as yielding and receptive as water.

而攻堅强者(이공견강자) 莫之能勝水(막지능승수)

그런데 그것이 단단하고 굳은 것을 공략하는 데는 물을 이길 수 없다.

Yet in attacking the firm and inflexible, nothing triumphs over water.

以其無以易之(이기무이역지) 弱之勝强(약지승강) 柔之勝剛(유지승강)

이러한 물의 기능을 대신할 것은 없는데, 약함이 강함을 이기고, 부드러움이 딱딱함을 이기는 것은,

There is nothing of substitute for water, the receptive triumphs over the inflexible; the yielding triumph over the rigid,

天下莫不知(천하막부지) 莫能行(막능행)

천하 사람들이 모르는 것이 아니건만 그걸 잘 행하지 못한다.

None in the world do not know this, none have the courage to practice it.

是以聖人云(시이성인운)

그래서 성인은 말한다.

Therefore, evolved persons say.

受國之垢(수국지구) 是謂社稷主(시위사직주)

나라를 떠맡는 것은 구차한 일인데, 이를 사직(조상의 혼을 모시고 농사를 관장하는)의 주인이라 할 수 있고,

One who accepts the nation expecting to befall the disgrace of organization, can be called the leaders of the grain shrine.

受國不祥(수국불상) 是以天下王(시이천하왕)

나라를 떠맡는 상스럽지 못한 것을 이르러 천하의 왕이 된 것이라고 하며,

One who accepts the misfortune of the organization, can be called the leader of the world.

正言若反(정언약반)
바른 말은 반대로 들린다.
The truth is often paradoxical.

78장은 노자의 정치 철학을 극도로 축약한 문장으로, 과거 한국의 부패한 지도자들에게 강력한 울림을 주는 교훈이 아닌가 한다.

79장 和大怨(화대원) 必有餘怨(필유여원)
THE POWER IN NOT PROVOKING CONFLICT

和大怨(화대원) 必有餘怨(필유여원)
큰 원한은 아무리 화해를 해도, 원한의 앙금이 남는다.
Even when a great resentment is reconciled, some resentment must linger.

安可以爲善(안가이위선)
그러나 어찌 화해했다고 할 수 있겠는가?
How can this be called compromised?

是以聖人(시이성인) 執左契(집좌계)

그래서 성인은, 채권자의 어음(옛날에 쓰던 증서)의 왼쪽을 가지고 있으면서도,

That is why even though evolved persons, hold the left side of the contract,

而不責於人(이불책어인)

채무자를 독촉하지 않는다.

Do not censure others.

有德者司契(유덕자사계) 無德者司徹(무덕자사철)

덕이 있는 사람은 어음으로 결제하고, 덕이 없는 사람은 기어코 현물로 징수한다.

Those with the virtue are in charge of the contract; those without the virtue resolve the conflict defraud tax.

天道無親(천도무친) 常與善人(상여선인)

하늘의 도는 한쪽으로 기울지 않는데, 항상 선인의 편에 선다.

The Tao in nature has no favorites, it always resolves the conflict with the wisdom of Tao.

여기서 大怨(대원)이란 지도자가 백성들로부터 받는 원한을 뜻한다.
執左契(집좌계)에서 左(좌)는 지금의 甲(갑)을 말한다.

80장

小國寡民(소국과민)
MINIMIZE THE ORGANIZATION AND SCANTY POPULATION

小國寡民(소국과민)

나라를 가능한 작게 하고, 국민들의 숫자를 적게 하라!

Let there be a small organization, with few people.

使有什伯之(사유십백지) 器而不用(기이불용)

설사 많은 훌륭한 무기가 있어도, 그 기구를 쓰지 않게 하고

Even if there are variety of good weapons, let them just be there,

使民重死(사민중사) 而不遠徙(이불원사)

백성들로 하여금 죽음을 중히 여기게 하고, 멀리 이사하지 않게 하라!

Let the people value their lives, and yet not move far away.

雖有舟輿(수유주여) 無所乘之(무소승지)

비록 배와 수레가 있어도, 그것을 탈 일이 없게 하라!

Even if there are boats and carriages, let there be no occasions to use them.

雖有甲兵(수유갑병) 無所陣之(무소진지)

비록 갑옷과 병기가 있어도, 그것을 펼칠 일이 없게 하라!

Even if there are armor and weapons, let there be no occasions to display them.

使人復結繩而容之(사인복결승이용지)

사람들로 하여금 다시 새끼를 묶어 약속의 표시로 사용하게 하라!

Let the people again knot cords and use them,

甘其食(감기식) 美其服(미기복) 安其居(안이거) 樂其俗(락기속)

백성들이 맛있는 음식을 먹게 해 주고, 좋은 옷을 입고, 편안한 곳에 살며, 풍속을 즐기게 하며,

Their food will be pleasing, their clothes will be fine, their homes will be secure, their customs will be joyful,

隣國相望(인국상망) 雞犬之聲相聞(계견지성상문)

이웃한 나라가 서로 바라보고, 닭과 개의 소리가 다 들려도,

Nearby organizations may watch each other; their crowing and barking may be heard,

民至老死不相往來(민지노사불상왕래)

백성들이 늙어 죽을 때까지 서로 왔다 갔다 하지 아니한다.

Yet people may grow old and die, without coming and going between them.

80장은 노자가 제창하는 이상적인 유토피아의 畵龍點睛(화룡점정)이라고 할 수 있다. 여기서 우리는 노자가 왜 춘추전국시대를 등지고 서쪽으로 떠나가는지 그의 소박한 인생관을 가늠하게 된다.

81장 信言不美(신언불미)
TRUTHFUL WORDS DO NOT FLATTER

信言不美(신언불미) 美言不信(미언불신)

진실한 말은 아름답지 않고, 아름다은 말은 진실하지 않다

Sincere words are not embellished; embellished words are not sincere.

善者不辯(선자불변) 辯者不善(변자불선)

선한 자는 따지지 않으며, 따지는 자는 선하지 않다.

Those who are good are not defensive; those who are defensive are not good.

知者不博(지자불박) 博者不知(박자부지)

참으로 아는 자는 박식하지 않으며, 박식한 자는 참으로 알지 못한다.

Those who know are not erudite; those who are erudite do not know.

聖人不積(성인부적) 旣以爲人己愈有(기이위인기유유)

성인은 쌓아 두지 않고, 백성들을 위해서 쓰면 쓸수록 어진 덕을 얻는다.

Evolved individuals do not accumulate, and the more they do for others, the more they gain.

旣以與人(기이여인) 己愈多(기유다)

힘써 남에게 주면 줄수록, 자기가 더 풍요로워진다.

The more they give to others, the more they possess.

天地道(천지도) 利而不害(이이불해)

하늘의 도는 이롭게만 할 뿐 해를 끼치지 않으며,

The Tao of nature is to serve without spoiling.

聖人之道(성인지도) 爲而不爭(위이부쟁)

성인의 도는 남을 위할 뿐 싸우지 않는다.

The Tao of evolved persons is to act without contending.

자, 이제 노자의 인생관 국가관을 정리하는 마지막 장인데 여기서 노자는 信(신)을 강조하고 있다. 공자는 『논어』에서 仁(인)을 강조했는데 仁(인)이란 사람을 사랑하는 것이다. 거기에 비해서 信(신)은 仁(인)보다 더 근본적인 것으로 인간관계나 사회 또는 국가에서 모든 관계의 근본이라고 할 수 있다.

　내가 『도덕경』에서 가장 감명을 받은 구절은 71장인데 노자는 "知不知上, 不知知病(지부지상 부지지병: 알면서도 모른다고 하는 것이 최상이며, 알지 못하면서도 안다고 하는 것이 병)"이라고 말했다. 인류문명사를 보면 모든 비극은 내가 잘 모르는 것을 안다고 사람들에게 강요했기 때문에 일어났다.

　종교만 보더라도 구약성경에 쓰여 있는 2백만 개가 넘는 단어는 모두 하나님의 감동을 받아 직접 쓰여진 것이기에 하나의 오류도 없다고 주장한 성경무오설(biblical inerrancy)을 신주처럼 모셨기 때문에 중세 유럽의 교황청에서는 삼위일체설이나 원죄론 또는 태양이 지구 주위를 돈다는 천동설에 반대하는 사람들을 모두 활활 타오르는 장작더미 위에서 처형해 버렸으며, 히틀러는 자신들은 아리안이 아니면서도 아리안이라고 자처하며 유대인들이 아리안들의 정체성을 파괴한다고 부르짖으며 아리안의 순수 정통성을 회복하자고 국민을 선동해서 유대인 6백만 명을 학살하는 끔찍한 반인륜적 번죄를 저절렀다.

　또 일본 제국주의는 자신들이야말로 태양의 신인 아마테라스 오호미카미의 후손으로 아주 우수한 혈통이기 때문에 일본일들이 열등한 민족을 계몽해야 할 사명을 떠맡았다고 대동아 공영권을 주장하며 아시아인들을 전쟁터로 몰아세워서 수천만 명의 죄없는 인명을 희생시켰다.

그러나 자신이 모른다고 하고 나면 진리에 다가가기 위한 무한한 가능성이 열리게 되면서 인간이 겸손해지고 섣부른 과오를 범하지 않게 되며 확실한 진실과 진리를 깨우치게 된다. 2600년 전에 갈파한 노자의 가르침이 21세기를 살아가는 인류가 부닥친 문제의 핵심을 모두 꿰뚫고 있다는 사실은 참으로 놀라지 않을 수 없다. 이처럼 동양 고전의 향훈은 시공을 초월해서 인간을 인간이게끔 하는 프로메테우스적인 생명력을 제공하는 것이다.

부디 젊은 세대들이 서양의 문물만을 무비판적으로 숭상하지 말고 동양의 보고인『도덕경』을 읽으면서 앞으로 남을 배려하는 인간상, 보다 정의로운 사회, 이상적인 국가를 만들어 나가기를 진심으로 소망한다.